Angelika Eckstein

Vegane Weihnachtsbäckerei

Angelika Eckstein

Vegane Weihnachtsbäckerei

Vollwertige Rezepte

illustriert von Sabine Metz

pala verlag

Inhaltsverzeichnis

Liebe Leserin, lieber Leser,

Weihnachten steht vor der Tür, verlockende Düfte streichen durchs Haus: Die ersten selbst gebackenen Vanillekipferl des Jahres sind immer wieder köstliche Vorboten all der anderen Leckereien, die nur darauf warten, von Ihnen entdeckt zu werden.

Für ein ganz persönliches Weihnachtserlebnis braucht es dabei nicht unbedingt einen bunten Teller, so stimmungsvoll der Kaffeetisch im Kerzenschein auch sein mag. Stellen Sie sich vor, Sie haben draußen in der Natur mit Freunden einen besonderen Ort ausgesucht, einen gemütlichen Sitzplatz geschaffen und sich großzügig mit Kuscheldecken ausgestattet. Zwischen Steinen brennt ein helles Feuer und verbreitet wohlige Wärme. Die Kinder backen Stockbrotschlangen und pechschwarze Aschekartoffeln. Langsam schmilzt Schokolade in aufgeschnittenen Bananen über dem Feuer. In der Glut steht eine Kaffeekanne mit duftendem Inhalt, Sie schauen dem Funkenspiel zu, knabbern Nüsse und selbst gebackene Weihnachtsplätzchen ...

Seit Menschen Weihnachten feiern gibt es Weihnachtsgebäck, und sogar noch länger, denn immer schon begleiteten kulinarische Köstlichkeiten die Festlichkeiten innerhalb eines Jahres und eines Menschenlebens. Eine dieser Festzeiten ist seit Jahrtausenden die Zeit der Wintersonnenwende um den 21. Dezember, heutzutage offizieller Winteranfang. Die Wintersonnenwende, kürzester Tag und längste Nacht eines Jahres, galt Menschen in früheren Zeiten als magisch, als Wiedergeburt der Sonne, denn ab diesem Wendepunkt werden die Tage wieder länger und das Licht gewinnt an Macht.

Heutzutage ist Weihnachten häufig die einzige Zeit im Jahr, in der Eltern, Großeltern und Kinder gemeinsam mit Plätzchenteig und Ausstechformen, Zuckerguss und Lebkuchenhäusern hantieren und die Küche in ein duftendes und klebriges Chaos verwandeln. Warum dies so ist, lässt sich nur vermuten. Sicherlich jedoch bedeutet die weihnachtliche Bäckerei mehr als Backkunst, sie regt an, nicht nur im Kreise der eigenen Familie eine weihnachtliche Atmosphäre zu schaffen, sondern jene, die kein rechtes Zuhause mehr haben und der Zuwendung bedürfen, in den Kreis unserer Fürsorge einzubeziehen – und das nicht nur an Weihnachten. In diesem Sinne wünsche ich allen Bäckerinnen und Bäckern frohe Weihnachten – mögen die Freude beim Backen und der Genuss der Köstlichkeiten alle Dunkelheit aus Ihren Herzen vertreiben!

Hinweise zu den Rezepten

Planen

Überlegen Sie sich rechtzeitig, welche Zutaten Sie für ein Rezept besorgen müssen und welches Werkzeug Sie zum Vorbereiten und Mischen der Zutaten benötigen. Lesen Sie sich das Rezept vor dem Backen ganz durch, damit Sie wissen, wie die Zutaten vorbereitet werden. Stellen Sie alle Zutaten und Werkzeuge auf Ihrer Arbeitsfläche zurecht.

Zutaten einkaufen

- Alle Zutaten erhalten Sie im gut sortierten Naturkostladen, im Reformhaus, beim Biobauern oder im Weltladen.
- Bei verarbeiteten Zutaten wie Bitterschokolade, Bitterschokoladenkuvertüre oder Marzipan sind stets Produkte mit ausschließlich pflanzlichen Bestandteilen gemeint. Lesen Sie im Zweifelsfall am besten die Zutatenliste oder fragen Sie beim Hersteller nach.

Mengenangaben

- Wenn nicht anders angegeben, sind Esslöffel und Teelöffel beim Abmessen stets gestrichen gefüllt.
- Mengenangaben für Gewürze dürfen Sie als grobe Richtwerte verstehen. Verändern Sie Mengen und Kompositionen nach Belieben.
- Wenn Sie Vollrohrzucker statt Sirup verwenden möchten, benötigen Sie gegebenenfalls bis zu 30 Prozent mehr Flüssigkeit. Wollen Sie Sirup statt Vollrohrzucker verwenden, benötigen Sie umgekehrt bis zu 30 Prozent weniger Flüssigkeit. Allgemein können Zuckermengen in Rezepten nach Geschmack erhöht oder verringert werden, ohne dass sich die Konsistenz des Teiges sehr verändert. Bei Änderung der Sirupmenge müssen Sie gegebenenfalls die Mehlmenge anpassen.

- Wenn Sie lieber mit Pflanzenmargarine statt mit Öl backen, sollten Sie die im Rezept angegebene Ölmenge bei Verwendung von Margarine um etwa 20 Prozent erhöhen. Statt 100 g Sonnenblumenöl nehmen Sie also etwa 120 g Pflanzenmargarine.

Backen mit Vollkornmehl

Vollkornmehle binden 10 bis 20 Prozent mehr Wasser als weiße Mehle, weil Vollkornmehle neben der wasserbindenden Stärke – anders als weiße Mehle – zusätzlich Kleie enthalten, die ebenfalls Wasser bindet. Bitte beachten Sie beim Backen mit Vollkornmehl deshalb folgende Hinweise:

- Je feiner ein Vollkornmehl gemahlen wurde, desto schneller saugt es die Flüssigkeit auf.
  Wenn Sie Vollkornmehle vor der Verwendung sieben, also Kleie zurückhalten, binden die Mehle weniger Flüssigkeit – und zwar umso weniger, je mehr Kleie Sie aussieben.
  Bitte berücksichtigen Sie beide Faktoren, wenn Sie Ihr Mehl mit Wasser oder anderen Flüssigkeiten versetzen. Gehen Sie anfangs am besten esslöffelweise vor, bis Sie ein Gefühl für die jeweils beste Konsistenz eines Teiges entwickelt haben. Teige mit Vollkornmehlen dürfen und sollten nach Zugabe der Flüssigkeiten feuchter sein als solche mit weißen Mehlen und ein wenig ruhen, weil sie zum einen mehr wasserbindende Teilchen enthalten und diese zum anderen auch Zeit brauchen, bis sie das Wasser aufgesaugt haben.
- Wenn Sie die Gebäcke in diesem Buch ganz oder teilweise mit weißen Mehlen herstellen möchten, geben Sie zunächst etwas weniger Flüssigkeit als in den Rezepten angegeben zum Mehl. Nähern Sie sich dann wie beim Backen mit Vollkornmehl der gewünschten Teigkonsistenz durch weitere Zugabe kleiner Flüssigkeitsmengen. Beachten Sie, dass weißes Mehl weniger Flüssigkeit aufnimmt als Vollkornmehl.
- Sollte Ihr Teig – egal, ob aus welchem Mehl – zu feucht geraten sein, geben Sie vor oder nach dem Ruhen noch etwas Mehl dazu.

Und wenn Sie sich einer sehr trockenen, festen, krümeligen Angelegenheit gegenübersehen, mischen Sie noch etwas Flüssigkeit darunter, bis die Konsistenz Ihrem Gefühl nach passt.

- Verwenden Sie möglichst frisch gemahlene Mehle – am besten erst kurz vor der Verwendung entweder im Naturkostladen oder mit einer Haushaltsgetreidemühle gemahlen. Sobald Getreide gemahlen ist, verliert es rasch an wertvollen Inhaltsstoffen.

Tipp: Vollkornmehl und Vollkornprodukte wie Vollkornbrot oder Vollkornnudeln enthalten mehr Mineralstoffe und Spurenelemente, wie Kalium, Calcium, Magnesium, Zink, Eisen oder Selen, und mehr Vitamine, wie die Vitamine B_1, B_2, B_6, Folsäure oder Vitamin E, als weiße Mehle, Weißbrot oder helle Nudeln. So kann eine Scheibe Vollkornbrot sechsmal so viel Magnesium enthalten wie eine Scheibe Weißbrot. Nicht nur Veganerinnen und Veganer seien dazu ermuntert, häufig Vollkornprodukte zu wählen, sondern auch Nichtvegetarier, denn eine optimale Versorgung des Körpers mit Mineralstoffen und Vitaminen – nicht isoliert, sondern im Gesamtzusammenhang des Lebensmittels aufgenommen – ist eine wichtige Basis für körperliche, psychische und seelische Gesundheit.

Kuvertüre im heißen Wasserbad schmelzen

Für ein heißes Wasserbad zum Schmelzen von Kuvertüre füllen Sie Wasser in einen Topf, der entweder so groß ist, dass Sie ein zweites kleineres Gefäß – beispielsweise einen kleinen steilwandigen Topf oder eine Tasse – mit der Kuvertüre hineinstellen können, oder so groß, dass Sie eine Schüssel mit gewölbtem Boden, gefüllt mit der Kuvertüre, halb in den Topf einhängen können.

Geben Sie nur so viel Wasser in den Topf, dass es im ersten Fall maximal drei Viertel hoch am hineingestellten Gefäß steht oder im zweiten Fall den Boden der Schüssel gerade nicht erreicht. Erhitzen Sie das Wasser und lassen Sie die Kuvertüre unter Rühren schmelzen. Achten Sie darauf, dass kein Wasser in die Kuvertüre gelangt. Bereits ein einziger Tropfen genügt, um die Kuvertüre fest und grießig werden zu lassen, sodass sie sich nicht mehr verarbeiten lässt.

Lassen Sie Kuvertüre möglichst nicht einfach so im Topf auf der Herdplatte schmelzen – höchstens sehr behutsam und auf kleinster Flamme –, weil sie im Topf leicht verbrennt.

Damit Kuvertüre nach dem Festwerden wieder so schön samtig ist wie vor dem Schmelzen, muss sie nach dem Schmelzen im heißen Wasserbad zunächst temperiert werden. Bei anderer Verwendung, zum Beispiel als Zusatz zu Teigen, Massen oder Cremes, brauchen Sie Kuvertüre nur zu schmelzen.

Kuvertüre temperieren

Das Temperieren von Kuvertüre und Schokolade verhindert, dass sich beim Festwerden geschmolzener Kuvertüre und Schokolade ein grauer Fettreif aus Kakaobutter auf der Oberfläche absetzt. Beim Temperieren von Kuvertüre geht man folgendermaßen vor:

1. Die zerkleinerte Kuvertüre wird im Wasserbad auf 45 bis 50 °C erwärmt. Das ist jene Temperatur, bei der die Kakaobutter schmilzt. Heißer sollte die Masse nicht werden, um Geschmacksveränderungen zu vermeiden.
2. Anschließend wird die geschmolzene Kuvertüre im kalten Wasserbad gerührt, bis sie auf etwa 26 °C abgekühlt ist. Durch dieses Abkühlen bleibt das Fett beim endgültigen Erstarren gleichmäßig in der Masse verteilt, wodurch die typische matt glänzende Schokoladenoberfläche entsteht.
3. Sobald diese Temperatur erreicht ist, wird die Kuvertüre im heißen Wasserbad wieder auf eine Verarbeitungstemperatur von etwa 32 °C erwärmt.

Plätzchen formen und ausstechen

- Formen Sie Plätzchen unter Verwendung von möglichst wenig Streumehl und wellen Sie auch Teige auf möglichst wenig Mehl aus. Kehren Sie das Streumehl vor dem Ausstechen gründlich vom Teig ab, weil der Teig beim Backen sonst Blasen werfen könnte.
- Zwischen zwei Lagen Backpapier lassen sich insbesondere feuchte Teige ohne Mehl und ohne dass sie am Nudelholz oder an der Arbeitsfläche festkleben ausrollen.
- Wenn Sie einen Teig in kleinen Portionen ausrollen, vermindert sich die Gefahr des Anklebens. Lassen Sie den restlichen Teig stets so lange im Kühlschrank, bis er zum Formen an der Reihe ist.
- Stechen Sie Plätzchen möglichst teigsparend aus. Kneten Sie die ausgestochenen Teigreste wiederholt zusammen, rollen Sie den Teig jeweils wieder aus und verarbeiten Sie ihn auf diese Weise restlos.
- Formen Sie Gebäck, das Sie als Geschenk verschicken möchten, nicht zu dünn und filigran.

Plätzchen auf das Backblech legen

- Legen Sie Plätzchen möglichst raumsparend auf die vorbereiteten Bleche. Lassen Sie dabei je nach Teigart ausreichend Platz zwischen den einzelnen Gebäckstücken: Bei Mürbeteigen, aus denen die meisten Plätzchen – egal, ob ausgestochen oder von Hand geformt – hergestellt werden, reicht ein Abstand von 5 bis 10 mm. Lebkuchen, die nicht auf Oblaten gebacken werden, klassische Cookies und sehr fetthaltiges Gebäck gehen beim Backen häufig in die Breite, sodass Sie diese Gebäckarten mit mehr Abstand auf die Bleche legen sollten.
- Mischen Sie auf einem Backblech möglichst nie Gebäcke unterschiedlicher Dicke oder unterschiedlicher Backzeit.
- Legen Sie ungebackenes Gebäck nie auf ein noch heißes Backblech.

Probeplätzchen backen

Es lohnt sich, vor dem Formen des übrigen Teiges ein Probeplätzchen zu backen, um die Teigbeschaffenheit zu prüfen. Wenn der Teig zu weich ist und beim Backen seine Form verliert, geben Sie noch etwas gemahlene Nüsse, Mandeln oder Mehl zum restlichen Teig.

Backtemperaturen und Backzeiten

- Die angegebenen Temperaturen und Backzeiten gelten für einen Elektrobackofen mit Ober- und Unterhitze.
- Bei anderen Arten der Hitzezufuhr richten Sie sich bitte nach den Herstellerangaben für Ihren Ofen. Bei den meisten Backöfen weicht die Temperatur, die man am Regler einstellt, von der tatsächlichen Temperatur im Ofeninneren ab. Ein Backofenthermometer, das man ins Ofeninnere legt, verschafft Klarheit hinsichtlich des eigenen Ofens. So könnten Sie beispielsweise herausfinden, dass Ihr Ofen für eine tatsächliche Temperatur von 180 °C eine Reglereinstellung von 170 °C benötigt.
- Kleingebäck aller Art ist meist rasch fertig gebacken. Achten Sie deshalb beim Backen auf die Farbe des Gebäcks und weniger auf die angegebene Backzeit. Dünner, unbedeckter Mürbeteig bräunt zum Beispiel bereits nach wenigen Minuten, und zu brauner Mürbeteig schmeckt bitter. Schauen Sie Ihrem Gebäck am besten beim Backen zu, dann kann fast nichts schiefgehen.
- Wenn Sie mehrere Bleche Gebäck hintereinander backen, ist das Gebäck auf dem zweiten Blech und folgenden Blechen meist etwas rascher fertig gebacken als die erste Lage Gebäck, weil sich der Ofen – vereinfacht ausgedrückt – eingebacken hat. Berücksichtigen Sie diese verkürzte Backzeit!

Abkühlen lassen

Nehmen Sie fertig gebackenes Gebäck vorsichtig vom Blech, damit es auf dem heißen Metall nicht nachdunkelt, und lassen Sie es auf Kuchengittern abkühlen – legen Sie warmes Kleingebäck dabei möglichst nicht aufeinander.

Direkt nach dem Backen sind insbesondere Mürbeteigplätzchen und Lebkuchen noch recht weich, erst beim Abkühlen werden sie fester. Passen Sie bei solch weichen Gebäckarten also ganz besonders gut auf, um sie beim Abheben vom Blech nicht zu beschädigen.

Verzieren

- In den Rezepten werden verschiedentlich Verzierungen vorgeschlagen, die Sie vor allem als Einladung für eigene Experimente und Ideen verstehen sollten. Lassen Sie Ihrer Fantasie freien Lauf!
- Verzierung muss nicht sein: Selbst ein scheinbar schmuckloses Mürbeteigherzchen kann Lächeln auf Lippen zaubern und Türen zu neuen Welten öffnen.
- Unkompliziert und sehr hübsch lassen sich Plätzchen mit einfachem weißen Zuckerguss aus pudrigem Roh-Rohrzucker und wenig Wasser oder Zitronensaft mit Hilfe eines kleinen Spritzbeutels verzieren. Mit Grünteepulver (Matcha) lässt sich dieser Zuckerguss weihnachtlich grün färben. Wenn Sie zum Anrühren des Zuckergusses das Einweichwasser von Safran verwenden, erhalten Sie ein herrliches Gelb, mit etwas Heidelbeersaft oder Holunderbeersaft, Rote-Bete-Saft oder rotem Johannisbeergelee stehen Ihnen unterschiedliche Rottöne zur Verfügung.
- Hübsche Verzierungen ergeben sich beispielsweise mit:
  - glasierten Mandeln, Walnüssen, Pecannüssen, Haselnüssen oder Pinienkernen,
  - selbst geröstetem Mandel-, Haselnuss- oder Sesamkrokant,
  - gehackten oder gemahlenen Pistazien oder Kokosraspeln,
  - gesiebtem Kakaopulver oder pudrigem Roh-Rohrzucker,

* selbst hergestellten Blättern, Spritzmustern, Fächern oder Röllchen aus Kuvertüre,
* Marzipanfiguren,
* gezuckerten Blüten oder Blütenblättern wie Veilchen oder Rosenblättern,
* Freude und spielerischer Neugier beim eigenen Tun.

Aufbewahren

- Verpacken Sie Ihr Gebäck erst dann, wenn es ganz abgekühlt ist und Verzierungen und Glasuren völlig getrocknet sind.
- Verpacken Sie das Gebäck möglichst getrennt nach Sorten, so bleibt das jeweils typische Aroma bestmöglich erhalten und es kommt nicht zu Aromaübertragungen.
- Bewahren Sie Kleingebäck aller Art in Blechdosen oder Behältern aus Glas oder Holz luftdicht verschlossen auf. Auch Konfekt aus Nüssen und getrockneten Früchten nach Art der Rezepte in diesem Buch sollte so aufbewahrt werden, falls im Einzelfall nichts anderes im Rezept angeben ist. Pralinen und Konfekt aus frischen Früchten, veganer Schokoladentrüffelmasse oder ähnlichen Zutaten bewahren Sie am besten luftdicht verschlossen im Kühlschrank oder an einem sehr kühlen Ort auf.
- Schichten Sie die Plätzchen lagenweise in die Dosen und Gefäße und legen Sie zwischen jede Schicht Plätzchen einen Bogen Backpapier. Die Plätzchen sollten – insbesondere, wenn sie verziert sind – möglichst nicht direkt aufeinanderliegen.
- Lagern Sie die Gebäckdosen an einem kühlen Ort, zum Beispiel im Keller oder im Windfang.

Zwölf geliebte Leckereien für die Weihnachtszeit

Lebkuchenherzen

Für etwa 30 Lebkuchen
50 g Haselnüsse
etwa 350 g Dinkelvollkornmehl, sehr fein gemahlen
1 TL gemahlener Zimt
¼ TL gemahlener Mazis
¼ TL gemahlene Gewürznelken
100 g getrocknete Cranberrys
1 EL Natron
etwa 90 g Wasser
250 g heller Ahornsirup
Mehl für die Arbeitsfläche

Verzierung
Reissirup zum Bestreichen
Pinienkerne, ungesalzene Pistazien, Kürbiskerne oder andere Nüsse und Samen zum Belegen

Backpapier für zwei Backbleche

- Haselnüsse in einer trockenen Pfanne unter Rühren sanft rösten, bis sie leicht duften. Anschließend grob hacken.
- Das Mehl sorgfältig mit den gemahlenen Gewürzen, Haselnüssen und Cranberrys mischen.
- Natron im Wasser auflösen. In einer großen Rührschüssel Ahornsirup mit Natronwasser verquirlen, die Mehlmischung dazugeben und alles zu einem glatten Teig verkneten. Abgedeckt bei Zimmertemperatur **über Nacht** ruhen lassen.

- Zwei Backbleche mit Backpapier belegen. Den Teig nochmals kräftig durchkneten und je nach Konsistenz noch etwas Wasser oder Mehl unterkneten. Den Teig auf wenig Mehl etwa 5 mm dick ausrollen und 6 – 8 cm große Herzen daraus ausstechen. Die Herzen auf die Backbleche legen.
- Backofen auf 175 – 185 °C vorheizen. Die Herzen für die Verzierung mit Reissirup einpinseln und nach Lust und Laune mit Nüssen oder Samen belegen.
- Nacheinander auf der mittleren Schiene im Backofen jeweils 10 – 15 Minuten backen. Fertige Herzen von den Blechen nehmen und auf Kuchengittern auskühlen lassen.

Tipp: Sie können die Herzen auch ohne Verzierung backen und danach mit Zuckerguss verschönern. Dafür 100 g pudrigen Roh-Rohrzucker mit 1 – 2 EL Wasser glatt rühren und die Herzen damit bestreichen. Für ein Muster geben Sie den Zuckerguss in einen kleinen Spritzbeutel mit feiner Tülle und drücken den Guss vorsichtig auf die Herzen.
Statt getrockneter Cranberrys eignen sich auch andere getrocknete oder auch kandierte Früchte – eine besondere Variante sind Lebkuchenherzen mit kandierter Engelwurz.

Dominosteine

Für etwa 75 Stück
350 g Dinkelvollkornmehl, sehr fein gemahlen
350 g Weizenvollkornmehl, sehr fein gemahlen
6 TL Weinsteinbackpulver
2 TL gemahlener Zimt
½ TL gemahlener Kardamom
½ TL gemahlener Piment
¼ TL gemahlener Mazis
¼ TL gemahlene Gewürznelken
100 g Vollrohrzucker, fein gemahlen und gesiebt
125 g warmes Wasser
500 g Agavendicksaft
etwa 120 g Sonnenblumenöl
Mehl für die Arbeitsfläche

Füllung
500 g Aprikosenfruchtaufstrich
200 g Agavendicksaft
250 g roter Johannisbeersaft
etwa 1 EL Apfelpektin (30 g)
250 g Marzipanrohmasse

Glasur
750 g hochwertige Bitterschokoladenkuvertüre

Backpapier für zwei Backbleche und zum Ausrollen

- Die Mehle sorgfältig mit dem Backpulver und den gemahlenen Gewürzen mischen.
- Den Zucker im warmen Wasser auflösen. In einer großen Rührschüssel Agavendicksaft mit Zuckerwasser und Öl verquirlen.
- Die Mehlmischung zur Öl-Dicksaft-Mischung geben und alles zu einem glatten Teig verrühren oder verkneten.
  Den Teig zugedeckt **über Nacht** ruhen lassen.
- Backofen auf 175 – 195 °C vorheizen und zwei Backbleche mit Backpapier belegen.
- Den Teig nochmals kräftig durchrühren oder durchkneten, in zwei gleich große Hälften teilen und jedes Teigstück auf wenig Mehl zu einer Platte, so groß wie das Backblech, ausrollen. (Es macht nichts, wenn der Teig zu weich zum Kneten ist: *Streichen* Sie ihn in diesem Fall einfach auf die Bleche.)
  Teigplatten vorsichtig auf die Bleche legen, einige Male mit einer Gabel einstechen und nacheinander auf der mittleren Schiene im Backofen jeweils 20 – 25 Minuten backen.
- Währenddessen für die Füllung Fruchtaufstrich mit Agavendicksaft, Johannisbeersaft und Pektin kurz aufkochen lassen. Heiße Fruchtmasse auf den fertig gebackenen Teigplatten verstreichen und **über Nacht** auf den Backblechen kalt stellen.
- Marzipanrohmasse in zwei gleich große Hälften teilen und jede Hälfte zwischen zwei Lagen Backpapier zu einer Platte, so groß wie die Teigplatten, ausrollen.
- Marzipan auf den Teig legen, die Platten in dominosteingroße Stücke schneiden und die Stücke auf Kuchengitter setzen.
- Für die Glasur die Kuvertüre in Stückchen schneiden, im heißen, aber nicht mehr kochenden Wasserbad schmelzen, die Dominosteine damit überziehen und trocknen lassen.

Vanillekipferl

Für etwa 60 Stück
2 Vanilleschoten
180 g Mandeln
180 g Dinkelvollkornmehl, sehr fein gemahlen
80 g Vollrohrzucker, fein gemahlen und gesiebt
1 Prise feines Meersalz
175 g ungeröstetes Sesamöl
eventuell 1 – 3 EL Wasser
Mehl für die Arbeitsfläche

Vanillezucker
1 Vanilleschote
100 g Vollrohrzucker, fein gemahlen und gesiebt

Backpapier für zwei Backbleche

- Die Vanilleschoten längs aufschlitzen und das Mark herausschaben.
- Die Mandeln fein mahlen und in einer großen Rührschüssel sorgfältig mit Mehl, Zucker, Salz und Vanillemark mischen.
- Das Sesamöl zur Mehlmischung geben und alles rasch zu einem glatten Teig verkneten. Sollte der Teig sehr trocken sein, wenig (!) Wasser unterkneten. Den Teig zu einer Kugel formen, in Frischhaltefolie wickeln und mindestens **8 Stunden oder über Nacht** im Kühlschrank ruhen lassen.
- Zwei Backbleche mit Backpapier belegen und den Backofen auf 170 °C vorheizen.
- Den Teig portionsweise auf der leicht bemehlten Arbeitsfläche zu fingerdicken Rollen formen und diese in etwa 5 cm lange Stücke schneiden. Die Stücke zu Röllchen mit spitzen Enden formen, zu Hörnchen biegen und auf die Backbleche legen.

- Vanillekipferl nacheinander auf der mittleren Schiene im Backofen jeweils 12 – 15 Minuten goldbraun backen. Fertig gebackene Kipferl vorsichtig von den Backblechen nehmen und auf Kuchengittern etwas auskühlen lassen.
- Währenddessen für den Vanillezucker die Vanilleschote längs aufschlitzen und das Mark herausschaben. Das Vanillemark in einem Schälchen mit dem Zucker mischen und die noch warmen Kipferl im Vanillezucker wälzen.

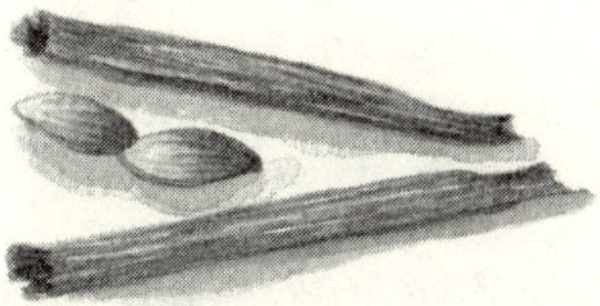

Tipp: Stellen Sie den Vanillezucker einige Tage im Voraus her und bewahren Sie ihn bis zur Verwendung in einem geschlossenen Glas im Küchenschrank auf. So kann sich das Aroma der Vanille optimal mit dem Zucker verbinden.

Spekulatius

Für etwa 50 Plätzchen
etwa 150 g Mandeln
5 Bittermandeln
150 g Mandeln für zwei Backbleche
½ unbehandelte Zitrone
½ Vanilleschote
450 g Dinkelvollkornmehl, sehr fein gemahlen
1 TL gemahlener Zimt
½ TL gemahlene Gewürznelken
½ TL gemahlener Kardamom
¼ TL gemahlener Mazis
1 TL Kakaopulver (5 g)
250 g Vollrohrzucker, fein gemahlen und gesiebt
1 Prise feines Meersalz
200 g Sonnenblumenöl
1 EL fein gemahlener Leinsamen (15 g)
160 g Reisdrink

Sonnenblumenöl für zwei Backbleche

❄ Mandeln und Bittermandeln für den Teig fein mahlen. Mandeln für die Backbleche blättrig schneiden.
❄ Die Zitrone heiß abwaschen, abtrocknen und die Schale dünn abreiben.
❄ Die Vanilleschote längs aufschlitzen und das Mark herausschaben.
❄ Mehl, gemahlene Mandeln, abgeriebene Zitronenschale, Vanillemark, gemahlene Gewürze, Kakaopulver, Zucker und Salz sorgfältig mischen.

- Das Öl in eine große Rührschüssel geben. Den gemahlenen Leinsamen mit dem Reisdrink verquirlen. Dann die Leinsamenmilch zum Öl geben und gut verrühren.
- Die Mehlmischung zur Ölmischung geben und alles zu einem glatten Teig verkneten. Den Teig zu einer Kugel formen, in Frischhaltefolie wickeln und mindestens 1 Stunde im Kühlschrank ruhen lassen.
- Zwei Backbleche leicht fetten und mit den blättrigen Mandeln bestreuen. Den Backofen auf 200 °C vorheizen.
- Den Teig portionsweise auf einen Spekulatiusmodel drücken und ein Stück Küchengarn zwischen Holz und Teig durchziehen. Den Teig aus der Form auf die Backbleche klopfen. Auf diese Weise den gesamten Teig verarbeiten.
- Die Spekulatius nacheinander auf der mittleren Schiene im Backofen jeweils 13 – 16 Minuten goldgelb backen. Fertig gebackene Spekulatius von den Blechen nehmen und auf Kuchengittern abkühlen lassen.

Tipp: Sie können den Teig auch mit einer Spekulatiusrolle ausstechen. Oder Sie verwenden die üblichen Ausstechformen. Dafür den Teig etwa 5 mm dick ausrollen. Die abgekühlten Spekulatius lagern am besten in einem Karton, der mit ein paar Luftlöchern versehen ist.

Blumenkinder

Für 50 bis 55 große und kleine Plätzchen
100 g Haselnüsse
1 Vanilleschote
200 g Dinkelvollkornmehl, sehr fein gemahlen
½ TL gemahlener Zimt
½ TL frisch abgeriebene Zitronenschale
75 g Vollrohrzucker, fein gemahlen und gesiebt
160 g Sonnenblumenöl
50 g Wasser
Mehl für die Arbeitsfläche
etwa 6 EL roter Johannisbeerfruchtaufstrich oder Himbeerfruchtaufstrich (etwa 150 g)
nach Belieben pudriger Roh-Rohrzucker zum Bestäuben

Backpapier für zwei Backbleche

❄ Die Haselnüsse fein mahlen und anschließend in einer trockenen Pfanne unter Rühren sanft rösten, bis das Nussmehl leicht duftet. Aus der Pfanne nehmen und abkühlen lassen.
❄ Die Vanilleschote längs aufschlitzen und das Mark herausschaben.
❄ Das Mehl sorgfältig mit den gemahlenen Haselnüssen, Vanillemark, Zimt, abgeriebener Zitronenschale und Zucker vermischen.
❄ In einer großen Rührschüssel das Öl mit dem Wasser verquirlen. Die Mehlmischung zur Ölmischung geben und alles rasch zu einem glatten Teig verkneten. Den Teig zu einer Kugel formen, in Frischhaltefolie wickeln und mindestens 1 Stunde im Kühlschrank ruhen lassen.
❄ Backofen auf 200 °C vorheizen und zwei Backbleche mit Backpapier belegen.

❄ Den Teig portionsweise auf der leicht bemehlten Arbeitsfläche etwa 4 mm dick ausrollen und mit einem gewellten Ausstecher Blumen von etwa 5 cm Durchmesser ausstechen. Bei der Hälfte der Blumen mittig kleine Blumen von etwa 3 cm Durchmesser ausstechen, sodass Blumenringe und kleine Blumen entstehen.

❄ Alle (!) Blumen und Blumenringe auf die Bleche legen und nacheinander auf der mittleren Schiene im Backofen jeweils 10 – 15 Minuten goldgelb backen. Fertig gebackene Plätzchen vorsichtig von den Blechen nehmen und auf Kuchengittern abkühlen lassen.

❄ Den Fruchtaufstrich leicht erwärmen. Alle großen Blumen und die Hälfte der kleinen Blumen damit bestreichen. Auf jede große Blume behutsam einen Blumenring und auf jede kleine Blume eine zweite kleine Blume setzen und andrücken.

❄ Die Blumen nach Belieben mit Puderzucker bestäuben und auf Kuchengittern trocknen lassen.

Nussecken

Für 20 bis 30 Stück
60 g Orangeat
60 g Zitronat
80 g Paranüsse
80 g Mandeln
60 g ungesalzene Pistazien
350 g Haselnüsse
350 g Weizenvollkornmehl, sehr fein gemahlen
2 TL Weinsteinbackpulver
150 g Vollrohrzucker, fein gemahlen und gesiebt
1 TL frisch abgeriebene Zitronenschale
180 g Sonnenblumenöl für den Teig
60 – 70 g Wasser
Mehl für die Arbeitsfläche
200 g Agavendicksaft
160 g Sonnenblumenöl
etwa 90 g Hafersahne
1 TL gemahlener Zimt
¼ TL gemahlene Gewürznelken

Glasur
300 g hochwertige Bitterschokoladenkuvertüre

Backpapier für ein Backblech

- Orangeat und Zitronat fein hacken.
- Paranüsse, Mandeln und Pistazien grob hacken, Haselnüsse fein mahlen.
- Mehl sorgfältig mit Backpulver, Zucker und abgeriebener Zitronenschale mischen.

- In einer großen Rührschüssel das Sonnenblumenöl für den Teig mit dem Wasser verquirlen. Die Mehlmischung zur Ölmischung geben und alles rasch zu einem glatten Teig verkneten. Ein Backblech mit Backpapier belegen. Den Teig auf der leicht bemehlten Arbeitsfläche zu einem backblechgroßen Rechteck ausrollen und anschließend auf das Blech legen.
- Backofen auf 180 °C vorheizen.
- In einem Topf Agavendicksaft, Sonnenblumenöl und Hafersahne mit den gemahlenen Haselnüssen und den gemahlenen Gewürzen vermengen. So lange köcheln lassen, bis ein dicklicher Brei entstanden ist.
- Gehackte Paranüsse, Mandeln und Pistazien sowie gehacktes Orangeat und Zitronat darunterrühren, von der Herdplatte nehmen und 5 Minuten abkühlen lassen. Masse auf dem Teig glatt verstreichen.
- Teigplatte auf der mittleren Schiene im Backofen 25 – 35 Minuten backen. Fertig gebackene Kuchenplatte auf dem Blech **über Nacht** völlig abkühlen lassen.
- Die Teigplatte in etwa 10 cm große Quadrate schneiden und diese diagonal halbieren.
- Für die Glasur die Kuvertüre in kleine Stückchen schneiden und im heißen, aber nicht mehr kochenden Wasserbad schmelzen. Die Nussecken mit den Kanten in die Kuvertüre tauchen und auf Kuchengittern trocknen lassen.

Florentiner

Für etwa 55 Stück
120 g Mandeln
80 g Haselnüsse
100 g Orangeat
1 unbehandelte Zitrone
100 g getrocknete Cranberrys oder Süß- oder Sauerkirschen
1 TL gemahlener Zimt
120 g Agavendicksaft
250 g Hafersahne
2 ½ EL Sonnenblumenöl (40 g)
150 g Dinkelvollkornmehl, sehr fein gemahlen

Glasur
200 g hochwertige Bitterschokoladenkuvertüre

Backpapier für zwei Backbleche

- ❄ Die Mandeln in heißes Wasser legen, bis sich die Mandelhäutchen aufplustern. Dann die Mandeln aus den Häutchen drücken und auf einem Küchentuch trocknen lassen.
- ❄ Die Haselnüsse in einer trockenen Pfanne unter Rühren sanft rösten, bis sie duften. Haselnüsse aus der Pfanne nehmen, auf ein Küchentuch geben, dieses zu einem Beutel zusammenfassen und die Nüsse in diesem Beutel kräftig aneinanderreiben, um die Nusshäute abzulösen.
- ❄ Mandeln und Haselnüsse blättrig schneiden, Orangeat klein schneiden. Die Zitrone heiß abwaschen, abtrocknen und die Schale dünn abreiben.
- ❄ Mandeln, Haselnüsse, Orangeat, die getrockneten Früchte, Zimt, abgeriebene Zitronenschale und Agavendicksaft in einer Schüssel mischen.

- Zwei Backbleche mit Backpapier belegen und den Backofen auf 180 °C vorheizen.
- Hafersahne und Öl in einem Topf erhitzen, vom Herd nehmen, das Mehl dazugeben und zu einem glatten Teig verrühren. Die Nuss-Frucht-Masse zum Teig geben und alles gut vermischen.
- Mit zwei Teelöffeln jeweils einen gehäuften Teelöffel Florentinerteig auf das Backblech setzen und mit dem nassem Löffelrücken leicht flachdrücken. Jeweils etwas Abstand zwischen den Florentinern lassen.
- Florentiner nacheinander auf der obersten Schiene im Backofen jeweils etwa 15 Minuten backen. Die fertig gebackenen Florentiner aus dem Ofen nehmen und auf Kuchengittern abkühlen lassen.
- Für die Glasur die Kuvertüre in kleine Stückchen schneiden und im heißen, aber nicht mehr kochenden Wasserbad schmelzen. Jeden Florentiner auf der Unterseite mit etwas Kuvertüre einpinseln und kopfüber auf einem Kuchengitter liegend trocknen lassen.

Tipp: Blättrig geschnittene Mandeln und Haselnüsse gibt es zwar auch fertig in der Tüte abgepackt zu kaufen – wenn Sie Ihre Küche aber mit einer Vielfalt an Nussblättchen jenseits von Mandel oder Haselnuss bereichern möchten, bietet sich das Selbstschneiden mit der Maschine – zum Beispiel mit der Scheibentrommel der Rohkostreibe – an. Darüber hinaus schmecken frisch gemahlene oder geschnittene Nüsse besser als die entsprechenden Produkte aus dem Laden und sie enthalten noch mehr ihrer wertvollen Inhaltsstoffe, zum Beispiel die Vitamine B_1, B_2, B_6, Folsäure oder Vitamin E, als ihre fertig abgepackten Verwandten.
Nussblättchen lassen sich vielfältig beim Kochen und Backen einsetzen, gut schmecken sie zum Beispiel auch im Müsli.

Schokowürfel

Für etwa 75 Würfel
100 g Walnüsse
etwa 100 g Dinkelvollkornmehl, sehr fein gemahlen
3 TL Weinsteinbackpulver
2 EL Kakaopulver (14 g)
100 g Vollrohrzucker, fein gemahlen und gesiebt
1 Prise feines Meersalz
250 g hochwertige Bitterschokolade
90 g Erdnussmus
70 g Sonnenblumenöl
etwa 180 g Apfelmus
80 g Ahornsirup
1 unbehandelte Orange

Glasur und Guss
250 g Zitronenfruchtaufstrich
200 g hochwertige Bitterschokoladenkuvertüre

Backpapier für ein Backblech

- Die Walnüsse fein mahlen und sorgfältig mit Mehl, Backpulver, Kakaopulver, Zucker und Salz mischen.
- Die Schokolade in Stückchen teilen und mit Erdnussmus und Öl in einem Topf bei kleiner Hitze schmelzen lassen.
- Ein Backblech mit Backpapier belegen. Falls vorhanden, einen verstellbaren Backrahmen auf eine Größe von 22 × 26 cm einstellen und auf das Backblech stellen. Den Backofen auf 170 – 180 °C vorheizen.
- Schokoladenmasse in einer großen Rührschüssel mit dem Apfelmus und Ahornsirup vermischen. Mehlmischung dazugeben, alles gut verrühren und den Teig kurz ruhen lassen.

(Der Teig sollte schwer reißend vom Löffel fallen – je nach Konsistenz sollten Sie noch etwas mehr Mehl oder Apfelmus dazugeben.) Den Teig in den Backrahmen auf das Backblech geben und glatt verstreichen. Oder den Teig auf dem einfachen Backblech glatt verstreichen.

- Den Teig auf der mittleren Schiene im Backofen 20 – 30 Minuten backen. Fertig gebackenen Kuchen aus dem Ofen nehmen und auf dem Blech etwas abkühlen lassen.
- Die Orange heiß abwaschen, den Saft der Orange auspressen und diesen über den Kuchen träufeln. Kuchen aus dem Rahmen lösen, völlig abkühlen lassen, stürzen und das Backpapier abziehen. Den Kuchen in etwa 2,5 cm große Würfel schneiden.
- Für die Glasur den Fruchtaufstrich etwas erwärmen, glatt rühren und die Oberseite jedes Würfels mit einer kleinen Menge davon bestreichen.
- Für den Guss die Kuvertüre in Stückchen schneiden, im heißen, aber nicht mehr kochenden Wasserbad schmelzen, auf die Würfel träufeln und trocknen lassen.

Rosinenstollen

Für einen Stollen
250 g Sultaninen
250 g Korinthen
50 g Apfelsaft oder Rum
50 g Orangeat
50 g Zitronat
120 g Mandeln
4 Bittermandeln
1 Vanilleschote
etwa 2 Würfel frische Hefe (80 g)
300 g Haferdrink
80 g Vollrohrzucker, fein gemahlen und gesiebt
550 g Weizenvollkornmehl, sehr fein gemahlen
80 g Kokosfett oder Palmöl
150 g Sonnenblumenöl
1 TL feines Meersalz
½ TL gemahlener Mazis
1 TL frisch abgeriebene Zitronenschale
Mehl für die Arbeitsfläche

Zum Bestreichen und Bestreuen
100 g Mandelöl
80 g Vollrohrzucker, fein gemahlen und gesiebt

Pappe und Backpapier für ein Backblech

- Sultaninen und Korinthen in eine Schüssel geben, mit dem Apfelsaft oder Rum übergießen und **über Nacht** einweichen.
- Die Zutaten für den Teig sollten Raumtemperatur haben.
- Orangeat, Zitronat und Mandeln fein hacken.

- ❄ Die Vanilleschote längs aufschlitzen und das Mark herausschaben.
- ❄ In einer großen Rührschüssel die Hefe in etwas Haferdrink auflösen, mit dem restlichen Haferdrink, etwas Zucker und 180 g Mehl zu einem Vorteig verrühren. Vorteig mit etwas Mehl bestäuben und mit einem Küchentuch bedeckt 20 – 30 Minuten gehen lassen.
- ❄ Kokosfett oder Palmöl bei niedriger Temperatur schmelzen, vom Feuer nehmen, Sonnenblumenöl zum flüssigen Fett geben und auf Handwärme abkühlen lassen.
- ❄ Restliches Mehl und restlichen Zucker über den Vorteig sieben. Ölmischung, Vanillemark, Salz, Mazis und abgeriebene Zitronenschale dazugeben und verrühren. Den Teig auf der leicht bemehlten Arbeitsfläche kräftig mit den Händen kneten, bis er nicht mehr klebrig ist und sich glatt und geschmeidig von der Arbeitsfläche löst.
- ❄ Mandeln, Orangeat und Zitronat einarbeiten, Teig zu einer Kugel formen und mit einem Küchentuch bedeckt in der Schüssel an einem kühlen Ort gehen lassen, bis sich das Volumen verdoppelt hat und sich Poren an der Oberfläche zeigen – am besten **über Nacht.**
- ❄ Gegangenen Teig leicht durchkneten. Sultaninen und Korinthen mit der Einweichflüssigkeit einarbeiten. Teig nochmals etwa 30 Minuten gehen lassen.
- ❄ Ein Backblech mit Pappe belegen und darauf eine Lage Backpapier legen. Den Backofen auf 190 °C vorheizen.
- ❄ Teig kurz durchkneten und einen 40 cm langen Laib daraus formen. Laib etwas flachrollen, längs in der Mitte etwas flacher. Die eine Längsseite zur Mitte klappen.
- ❄ Stollen auf das Backblech legen, einen Streifen Backpapier als Kragen eng um den Stollen legen und die Papierenden fest miteinander verbinden. Mit einem Küchentuch bedecken und etwa 10 Minuten gehen lassen.

❄ Stollen auf der zweiten Schiene von unten im Backofen 20 Minuten backen, Temperatur auf 180 °C herunterschalten und den Stollen 30 – 40 weitere Minuten backen. Fertig gebackenen Stollen aus dem Ofen nehmen und auf einem Kuchengitter auskühlen lassen.

❄ Stollen mit Öl bepinseln und mit Zucker besieben. In Backpapier einschlagen und in einer gut schließenden Dose aufbewahren. Am besten schmeckt er, wenn er vor dem Anschneiden mindestens eine Woche lang durchziehen konnte.

Giselas Hutzelbrot

Für etwa 25 kleine Brote

Brotteig
300 g frisch gemahlener Roggen
100 g frisch gemahlener Dinkel
etwa 100 g (»1 Schäufelchen«) Dinkelmehl Type 1050
2 Päckchen getrocknete Hefe
3 EL Sauerteigpulver (etwa 30 g)
1 Prise feines Meersalz
750 g Wasser

800 g Orangeat
800 g Zitronat
4000 g getrocknetes Mischobst (Birnen, Äpfel, Pflaumen)
1500 g getrocknete Pflaumen
1000 g getrocknete Feigen
1000 g Rosinen
600 g Datteln
500 g getrocknete Ananas
600 g Mandeln

Backpapier für 5 Backbleche

❄ Für den Brotteig die Mehle mit Hefe, Sauerteigpulver und Salz mischen, das Wasser dazugeben und alles sorgfältig zu einem weichen Teig verrühren. Den Teig zugedeckt an einem warmen Ort gehen lassen, bis er Blasen bildet und aufgegangen ist.
❄ Orangeat und Zitronat klein schneiden.
❄ Größere Stücke des getrockneten Obstes in kleinere Stücke schneiden.

- Das gesamte (!) Trockenobst, Orangeat, Zitronat und Mandeln mischen. Diese Mischung in drei gleich große Haufen teilen.
- Den Brotteig in drei gleich große Stücke teilen.
- Jeweils einen Teil Obstmischung mit einem Teil Brotteig verkneten. Diese drei Teile anschließend zusammen nochmals in einer *großen, am besten einer professionellen* Teigknetmaschine durchkneten.
- Aus dem Teig etwa 25 Brote von jeweils etwa 480 g formen. Die Größe der Brote sollte etwa den maximalen Normmaßen der Post für einen »Standardbrief« entsprechen (23,5 cm lang, 12,5 cm breit), die Dicke ergibt sich aus diesen Maßen und dem angegebenen Teiggewicht. Fünf Backbleche mit Backpapier belegen. Auf jedes Backblech fünf Brote legen.
- Die fünf Backbleche in den kalten Backofen schieben, den Ofen auf 100 °C (Umluft) einstellen und die Brote backen, bis diese Temperatur erreicht ist. Dann die Positionen aller fünf Backbleche wechseln und dies nach jeweils 10 Minuten wiederholen, bis jedes Blech mindestens einmal in jeder der fünf Positionen war (also fünf mal wechseln; das oberste Blech kommt so zum Beispiel nach dem Hochheizen in die zweite Schiene, nach 10 Minuten in die dritte Schiene ... und beim fünften Wechsel wieder nach oben, wo es nochmals 10 Minuten bäckt; somit ergibt sich – ohne Hochheizen – eine Backdauer von 50 Minuten bei 100 °C).
- Den Backofen mit den Blechen auf 130 °C (Umluft) einstellen, gleichzeitig erneut die Positionen aller fünf Bleche wechseln und dies nach jeweils 10 Minuten wiederholen, bis jedes Blech auch bei 130 °C einmal in jeder der fünf Positionen war (also viermal wechseln, in der jeweils ersten Position ist jedes Blech nur so lange, wie es dauert, die Temperatur hochzuschalten, der fünfte Wechsel entspricht dem Herausnehmen der Bleche aus dem Ofen; somit ergibt sich – mit Hochheizen – eine Backdauer von 40 Minuten bei 130 °C).

❄ Die fertig gebackenen Brote aus dem Ofen nehmen und auf Kuchengittern abkühlen lassen. Anschließend jedes Brot in Pergamentpapier und nach 2 Tagen zusätzlich in Frischhaltefolie wickeln. So halten sich die Brote mindestens 4 Wochen.

Dieses Rezept hat Gisela Wiendl, eine liebe Freundin, entwickelt. Alljährlich hat sie mit diesen unübertrefflich guten Hutzelbroten ihre Familie und viele Freundinnen und Freunde beglückt. Die Brote orientierten sich an den »Postnormmaßen«, weil sie als dicke, verheißungsvolle Briefe von Winkelhaid bei Nürnberg in die ganze Welt verschickt wurden. Für mich war dieses Früchtebrot alljährlich mit das Beste an Weihnachten.
Wer weniger – oder vielleicht auch mehr! – Hutzelbrote nach Giselas Rezept backen möchte, sei herzlich dazu ermuntert, auf dessen Grundlage mit kleineren oder größeren Mengen im angegebenen Verhältnis von Fruchtmischung und Teig (etwa 8:1) und daran angepassten Backtemperaturen und -zeiten zu experimentieren.
Möge dieses Rezept und Giselas Liebe zum Leben und zu den Menschen auf diese Weise weiterleben und die Welt ein bisschen besser machen!

Quinoawaffeln mit Haselnusscreme

Für etwa 5 Waffeln

Haselnusscreme
1 Vanilleschote
200 g Haselnüsse
1 ½ EL Kakaopulver (10 g)
½ TL gemahlener Zimt
80 g Reissirup
3 EL frisch aufgebrühter starker Kaffee
2 EL Wasser

300 g Quinoamehl, sehr fein gemahlen
etwa ½ Würfel frische Hefe (20 g)
250 g lauwarmer Reisdrink
2 EL geröstetes Kichererbsenmehl (20 g)
4 EL Wasser
1 EL Reissirup (15 g)
1 Prise feines Meersalz

Sonnenblumenöl für das Waffeleisen

- Für die Haselnusscreme die Vanilleschote längs aufschlitzen und das Mark herausschaben.
- Die Haselnüsse zweimal durch die Nussmühle drehen und auf diese Weise möglichst fein mahlen. Gemahlene Haselnüsse sorgfältig mit Kakaopulver, Vanillemark und Zimt mischen.
- Den Reissirup mit Kaffee und Wasser verquirlen. Die Haselnussmischung zum Reissirup geben und alles cremig verrühren.

- Für die Waffeln das Mehl in eine Schüssel geben. Die Hefe zerbröseln und im lauwarmen Reisdrink auflösen. Die aufgelöste Hefe zum Mehl geben, verrühren und etwa 30 Minuten quellen lassen.
- Das Waffeleisen vorheizen.
- Das Kichererbsenmehl mit dem Wasser verrühren, mit Reissirup und Salz zum Waffelteig geben und alles gut verrühren.
- Die Backflächen des Waffeleisens etwas einfetten, jeweils 2 – 3 EL Teig in das Waffeleisen geben und auf diese Weise nacheinander Waffeln backen.
- Die Waffeln mit der Haselnusscreme essen.

Tipp: Die Waffeln schmecken auch mit Hirsemehl oder Buchweizenmehl sehr gut.
Statt Haselnusscreme können Sie auch warme Schokoladensauce, Apfelmus, heiße Himbeeren, Rote Grütze ... dazu servieren.

Bratäpfel im Teigmantel

Für 6 Bratäpfel

Teig
½ Vanilleschote
250 g Weizenvollkornmehl, sehr fein gemahlen
etwa ½ Würfel frische Hefe (20 g)
100 g lauwarmer Reisdrink
2 EL Reissirup (30 g)
2 ½ EL Sonnenblumenöl (40 g)

etwa 2 EL Mandeln (etwa 25 g)
etwa 2 EL Haselnüsse (etwa 25 g)
etwa 2 EL Rosinen (etwa 25 g)
etwa 2 EL Sonnenblumenkerne (etwa 25 g)
6 kleine Äpfel
etwas Reisdrink zum Bestreichen

Backpapier für ein Backblech

❄ Für den Teig die Vanilleschote längs aufschlitzen und das Mark herausschaben.
❄ Das Mehl in eine große Rührschüssel geben.
❄ Die Hefe zerbröseln, im lauwarmen Reisdrink auflösen und mit Reissirup, Öl und Vanillemark zum Mehl geben. Alles gründlich zu einem glatten, weichen Teig verkneten. Der Teig sollte sich gut vom Schüsselrand lösen und nicht mehr kleben. Den Teig zu einer Kugel formen und zugedeckt an einem warmen Ort etwa 45 Minuten gehen lassen, bis sich sein Volumen nahezu verdoppelt hat.

- Danach den Teig noch einmal gut durchkneten und in sieben etwa gleich große Stücke teilen. Sechs Stücke dünn zu Quadraten ausrollen (Kantenlänge je nach Größe der Äpfel 12 – 20 cm). Aus dem restlichen Teig sechs kleine Apfelstiele und Apfelblätter zum Verzieren formen.
- Ein Backblech mit Backpapier belegen und den Backofen auf 175 – 195 °C vorheizen.
- Die Mandeln und Haselnüsse fein mahlen. Beides mit den Rosinen und Sonnenblumenkernen mischen. Mit einem Apfelausstecher die Kerngehäuse der Äpfel entfernen und die Äpfel mit der Nuss-Rosinen-Mischung füllen.
- Auf jedes Teigquadrat einen Apfel setzen, die Teigränder hochschlagen und die Äpfel gleichmäßig mit dem Teig umhüllen, ohne dass Löcher oder Risse entstehen. Die umhüllten Äpfel mit den Teigstielen und Teigblättern verzieren.
- Die Äpfel auf das Backblech setzen, den Teig mit etwas Reisdrink einpinseln und die Äpfel auf der mittleren Schiene im Backofen 20 – 25 Minuten backen.
- Die Äpfel schmecken lauwarm oder kalt, zum Beispiel mit einer Vanillesauce, sehr gut.

Tipp: Sie können die Äpfel auch mit getrockneten, gewürfelten Aprikosen und grob gehackten Walnüssen füllen.

Pfefferkuchen, Lebkuchen & Co.

Pfeffernüsse

Für 40 bis 50 Stück
50 g Mandeln
50 g Zitronat
1 unbehandelte Zitrone
1 EL gemahlener Zimt
½ TL gemahlener Ingwer
½ TL frisch gemahlener weißer Pfeffer
¼ TL gemahlener Kardamom
¼ TL gemahlene Gewürznelken
2 EL fein gemahlener Leinsamen (30 g)
knapp 200 g Reisdrink
etwa 500 g Dinkelvollkornmehl, sehr fein gemahlen
1 ½ EL Hirschhornsalz
300 g Vollrohrzucker, fein gemahlen und gesiebt

Glasur
250 g pudriger Roh-Rohrzucker
etwa 1 ½ EL Wasser

Backpapier für zwei Backbleche

- Die Mandeln mahlen und das Zitronat sehr fein hacken. Die Zitrone heiß abwaschen, abtrocknen und die Schale dünn abreiben. Die gemahlenen Gewürze in einem Schälchen sorgfältig mischen.
- Den gemahlenen Leinsamen mit dem Reisdrink verquirlen, bis die Mischung leicht cremig wird.

- In einer großen Rührschüssel das Mehl sorgfältig mit dem Hirschhornsalz mischen und in die Mitte des Mehls eine Vertiefung drücken. Zucker, abgeriebene Zitronenschale, die gemahlenen Gewürze und die Leinsamenmilch in die Vertiefung geben und mit einem Teil des Mehls zu einem Brei verrühren.
- Die gemahlenen Mandeln und das Zitronat dazugeben, mit Mehl bedecken und von der Mitte aus alles rasch zu einem glatten Teig verarbeiten. Den Teig etwas quellen lassen. Sollte er anschließend noch sehr kleben, etwas Mehl dazusieben und unterkneten.
- Backofen auf 180 – 190 °C vorheizen und zwei Backbleche mit Backpapier belegen.
- Aus dem Teig runde, etwa 1 cm hohe Pfeffernüsse von 2 – 3 cm Durchmesser formen.
- Pfeffernüsse mit etwas Abstand voneinander auf die Backbleche legen, nacheinander auf der mittleren Schiene im Backofen jeweils 10 – 15 Minuten backen. Vorsichtig von den Blechen heben und zum Abkühlen auf Kuchengitter legen.
- Für die Glasur den Saft der abgeriebenen Zitrone auspressen. Puderzucker mit Wasser und etwa 2 EL Zitronensaft zu einem dickflüssigen Brei verrühren, die abgekühlten Pfeffernüsse damit einpinseln und trocknen lassen.

Aachener Printen

Für etwa 30 Stück

50 g Orangeat
250 g Dinkelvollkornmehl, sehr fein gemahlen
1 Prise feines Meersalz
1 TL gemahlener Anis
½ TL gemahlener Zimt
½ TL gemahlene Gewürznelken
¼ TL gemahlener Mazis
250 g Agavendicksaft
50 g dunkler Kandiszucker
1 TL Pottasche
1 EL Wasser
Mehl für die Arbeitsfläche

Glasur

300 g hochwertige Bitterschokoladenkuvertüre

Backpapier für zwei Backbleche

- ❄ Das Orangeat sehr fein hacken.
- ❄ Mehl sorgfältig mit Salz, den gemahlenen Gewürzen und dem Orangeat in einer Rührschüssel mischen. Agavendicksaft zur Mehlmischung geben und alles zu einem festen Teig verarbeiten. Den Teig zugedeckt bei Zimmertemperatur mindestens **2 Tage** ruhen lassen.
- ❄ Backofen auf 175 – 195 °C vorheizen und zwei Backbleche mit Backpapier belegen.
- ❄ Den Kandiszucker zu kleinen Krümeln zerstoßen.
- ❄ Die Pottasche mit dem Wasser verrühren und gründlich in den Teig einarbeiten.

- Den Teig auf der leicht bemehlten Arbeitsfläche zu einer etwa 30 × 30 cm großen Platte ausrollen und mit dem Kandiszucker bestreuen. Den Teig in etwa 10 × 3 cm große Rechtecke schneiden und diese mit etwas Abstand voneinander auf die Backbleche legen.
- Printen nacheinander auf der mittleren Schiene im Backofen jeweils 15 – 20 Minuten backen. Fertig gebackene Printen vorsichtig von den Blechen heben und zum Abkühlen auf Kuchengitter legen.
- Für die Glasur die Kuvertüre in Stückchen schneiden und im heißen, aber nicht mehr kochenden Wasserbad schmelzen. Die abgekühlten Printen mit der Kuvertüre einpinseln und trocknen lassen.

Tipp: Orangeat ist die kandierte Schale der Bitterorange, auch Pomeranze genannt, inklusive der weißen Innenhaut. Zitronat ist eine ebensolche Süßigkeit aus der Schale der Zitronatzitrone. Das beste Aroma haben große Schalenstücke, die man erst kurz vor der Verwendung in kleine Stückchen schneidet. Geschützt vor Feuchtigkeit, Wärme, Luft und Licht halten sich Orangeat und Zitronat monatelang.

Lebkuchentaler mit Sesam

Für etwa 80 Stück
50 g Mandeln
50 g Sesamsamen
150 g Reissirup
100 g Zuckerrübensirup
150 g Vollrohrzucker, fein gemahlen und gesiebt
60 g Reisdrink
160 g ungeröstetes Sesamöl
400 g Weizenvollkornmehl, sehr fein gemahlen
½ TL gemahlener Kardamom
½ TL gemahlener Zimt
2 EL frisch abgeriebene Zitronenschale
1 TL Pottasche
1 EL Wasser
100 g kandierte Engelwurz oder getrocknete Sauerkirschen

Backpapier für zwei Backbleche

- Die Mandeln fein mahlen. Die Sesamsamen in einer trockenen Pfanne unter Rühren leicht golden rösten – dabei einen Deckel auf die Pfanne legen, damit die Samen nicht durch die Küche springen.
- Reis- und Rübensirup, Zucker, Reisdrink und Öl in einer großen Schüssel verrühren.
- Mehl, Mandeln, Sesam, gemahlene Gewürze und abgeriebene Zitronenschale sorgfältig mischen. Pottasche mit dem Wasser verrühren.
- Mehlmischung und Pottasche zur Sirupmischung geben und alles zu einem glatten Teig verkneten. Teig abgedeckt bei Zimmertemperatur **über Nacht** ruhen lassen.

- Den Teig in sechs gleich große Stücke teilen, aus jedem Stück eine fingerdicke Rolle formen. Rollen abgedeckt 1 Stunde im Kühlschrank ruhen lassen.
- Backofen auf 180 °C vorheizen und zwei Backbleche mit Backpapier belegen.
- Jede Rolle in 5 mm dicke Scheiben schneiden, diese mit etwas Abstand voneinander auf die Backbleche setzen und mit einem kleinen Teigroller dünn ausrollen.
- Die kandierte Engelwurz oder die getrockneten Sauerkirschen in kleine Stückchen schneiden und die Teigstücke damit belegen.
- Lebkuchentaler nacheinander auf der mittleren Schiene im Backofen jeweils etwa 12 Minuten backen. Fertig gebackene Taler vorsichtig von den Blechen heben und zum Abkühlen auf Kuchengitter legen.

Tipp: Statt Pottasche können Sie auch dieselbe Menge Weinsteinbackpulver nehmen. Mischen Sie in diesem Fall das Backpulver mit der Mehlmischung und lassen Sie das Wasser weg.

Braune Kuchen

Für etwa 100 Stück
75 g Zitronat
75 g Mandeln
200 g Sonnenblumenöl
200 g Vollrohrzucker, fein gemahlen und gesiebt
120 g heller Ahornsirup
2 TL gemahlener Zimt
½ TL gemahlener Ingwer
½ TL gemahlene Gewürznelken
1 TL Pottasche
1 EL Wasser
500 g Dinkelvollkornmehl, sehr fein gemahlen

Backpapier für zwei Backbleche

- ❄ Das Zitronat und die Mandeln sehr fein hacken.
- ❄ Öl, Zucker und Sirup in einem Topf langsam unter Rühren erhitzen, bis sich der Zucker aufgelöst hat. Vom Herd nehmen und abkühlen lassen.
- ❄ Mandeln, Zitronat und gemahlene Gewürze in den Sirup rühren und die Masse in eine große Rührschüssel füllen.
- ❄ Pottasche im Wasser auflösen und unter die Sirupmischung rühren.
- ❄ Das Mehl portionsweise über die Sirupmasse sieben, unterrühren und alles zu einem glatten Teig verkneten. Den Teig in zwei gleich große Hälften teilen und jedes Teigstück zu einer 5 cm dicken Rolle formen. Rollen in Frischhaltefolie wickeln und 2 Stunden im Kühlschrank ruhen lassen.

❄ Backofen auf 180 – 200 °C vorheizen und zwei Backbleche mit Backpapier belegen.
❄ Jede Teigrolle in 5 mm dicke Scheiben schneiden und diese mit etwa 1 cm Abstand voneinander auf die Backbleche legen.
❄ Braune Kuchen nacheinander auf der mittleren Schiene im Backofen jeweils 10 – 12 Minuten backen. Vorsichtig von den Blechen heben und auf Kuchengittern auskühlen lassen.

Lebkuchen mit Fruchtfüllung

Für etwa 40 Lebkuchen

Füllung
200 g getrocknete Aprikosen
100 g getrocknete Datteln ohne Steine
100 g getrocknete Maulbeeren
Wasser zum Einweichen der getrockneten Früchte
1 TL gemahlener Zimt

Lebkuchenteig
1 EL fein gemahlener Leinsamen (15 g)
etwa 70 g Reisdrink
400 g Dinkelvollkornmehl, sehr fein gemahlen
1 Päckchen Weinsteinbackpulver
1 EL Kakaopulver (7 g)
½ TL gemahlener Ingwer
2 EL frisch abgeriebene Zitronenschale
100 g Sonnenblumenöl
250 g Reissirup

Belag
65 g ungeröstetes Sesamöl
3 EL Reissirup (45 g)
3 EL Hafersahne (etwa 50 g)
50 g Sesamsamen
75 g Sonnenblumenkerne
75 g Kürbiskerne

Sonnenblumenöl für ein Backblech

- Für die Füllung die getrockneten Aprikosen und Datteln in kleine Stücke schneiden und zusammen mit den getrockneten Maulbeeren knapp mit Wasser bedeckt mindestens 3 Stunden quellen lassen.
- Ein Backblech mit Öl bestreichen.
- Für den Lebkuchenteig den gemahlenen Leinsamen mit dem Reisdrink verquirlen, bis die Mischung leicht cremig wird.
- Mehl sorgfältig mit Backpulver, Kakao, Ingwer und abgeriebener Zitronenschale mischen.
- Öl und Sirup in einer großen Rührschüssel verquirlen. Leinsamenmilch unterrühren.
- Mehlmischung zur Sirupmischung geben und alles zu einem weichen Teig verrühren.
- Den Teig auf das Backblech geben und mit einem nassen Löffel glatt verstreichen. Dabei den Löffel immer wieder ins Wasser tauchen. Den Backofen auf 175 – 185 °C vorheizen.
- Für den Belag Öl und Sirup in einem Topf langsam erwärmen, mit der Hafersahne verrühren und Sesam, Sonnenblumenkerne und Kürbiskerne unterziehen. Die Teigplatte mit dem Belag bestreichen.
- Die Teigplatte auf der mittleren Schiene im Backofen 25 – 30 Minuten backen. Das Blech aus dem Ofen nehmen, den Kuchen 10 Minuten abkühlen lassen und anschließend in etwa 40 Rechtecke schneiden. Auf einem Kuchengitter vollständig auskühlen lassen.
- Die Lebkuchenstücke vorsichtig längs halbieren.
- Die Trockenfrüchte für die Füllung nach der Quellzeit abgießen, pürieren und mit dem Zimt würzen. Die Fruchtmasse dünn auf die unteren Lebkuchenhälften streichen und anschließend die oberen Hälften wieder auflegen.

Haselnuss-Möhren-Lebkuchen

Für etwa 40 Lebkuchen
500 g Haselnüsse
100 g getrocknete Feigen
1 unbehandelte Zitrone
250 g Möhren
250 g Agavendicksaft
100 g Vollrohrzucker, fein gemahlen und gesiebt
500 g Weizenvollkornmehl, sehr fein gemahlen
1 Päckchen Weinsteinbackpulver
3 EL Kakaopulver (20 g)
100 g Korinthen
100 g getrocknete Cranberrys
1 TL gemahlener Zimt
½ TL gemahlene Gewürznelken
½ TL gemahlener Kardamom

Sonnenblumenöl für ein Backblech

- Die Haselnüsse fein hacken und die Feigen klein schneiden.
- Die Zitrone heiß abspülen und den Saft der Zitrone auspressen. Die Möhren fein raspeln und mit dem Zitronensaft mischen.
- Agavendicksaft und Zucker in einem Topf langsam unter Rühren erhitzen, bis sich der Zucker aufgelöst hat. Vom Herd nehmen und abkühlen lassen.
- Backofen auf 170 – 190 °C vorheizen und ein Backblech mit Öl bestreichen.
- Mehl sorgfältig mit Backpulver und Kakao mischen, anschließend Haselnüsse, Feigen, Korinthen und Cranberrys dazugeben und alles gut vermengen.
- Möhren und gemahlene Gewürze zum Dicksaft-Zucker-Sirup geben und vermischen.

- Die Mehlmischung löffelweise zur Möhrenmischung geben und unterarbeiten.
- Den Teig auf das Backblech geben und mit einem nassen Löffel glatt verstreichen. Dabei den Löffel immer wieder ins Wasser tauchen. (Sollte der Teig recht fest sein, rollen Sie ihn am besten zu einer backblechgroßen Platte aus und legen diese dann vorsichtig auf das Backblech.)
- Teigplatte auf der mittleren Schiene im Backofen etwa 30 Minuten backen. Das Blech aus dem Ofen nehmen, Kuchen 10 Minuten abkühlen lassen und anschließend in etwa 40 Rechtecke schneiden. Auf Kuchengittern vollständig abkühlen lassen.

Basler Leckerli

Für etwa 50 Stück
350 g Agavendicksaft
150 g Vollrohrzucker, fein gemahlen und gesiebt
1 EL gemahlener Zimt
½ TL gemahlener Piment
½ TL gemahlener Mazis
1 unbehandelte Zitrone
150 g Mandeln
150 g Korinthen oder getrocknete Sauerkirschen
130 – 150 g Kirschsaft
400 g Dinkelvollkornmehl, sehr fein gemahlen
1 ½ TL Pottasche
Mehl für die Arbeitsfläche

Guss
100 g pudriger Roh-Rohrzucker
3 EL Kirschsaft

Backpapier für ein Backblech

- Agavendicksaft und Zucker in einem Topf langsam unter Rühren erhitzen, bis sich der Zucker aufgelöst hat. In eine große Rührschüssel füllen, gemahlene Gewürze einrühren und etwas abkühlen lassen.
- Die Zitrone heiß abwaschen, abtrocknen und die Schale dünn abreiben.
- Die Mandeln mittelfein hacken.
- Mandeln, Korinthen oder Sauerkirschen, abgeriebene Zitronenschale und Kirschsaft nacheinander unter die warme Zuckermasse rühren.

- Das Mehl sorgfältig mit der Pottasche mischen, über die Sirupmasse sieben und anschließend alles zu einem glatten Teig verkneten.
- Ein Backblech mit Backpapier belegen.
- Den Teig auf der leicht bemehlten Arbeitsfläche etwa 5 mm dick ausrollen. Aufs Blech legen und zugedeckt **5 – 6 Stunden** ruhen lassen.
- Den Backofen auf 190 – 200 °C vorheizen. Die Teigplatte auf der mittleren Schiene im Backofen 25 – 30 Minuten backen.
- Für den Guss Puderzucker mit Kirschsaft verrühren. Die heiße Teigplatte damit bestreichen, den Guss etwas fest werden lassen. Die Teigplatte noch warm in etwa 3 × 6 cm große Rechtecke schneiden, die Stücke vorsichtig vom Blech heben und auf Kuchengittern abkühlen lassen.

Dattel-Haselnuss-Lebkuchen

Für etwa 40 Lebkuchen
200 g Haselnüsse
100 g frische oder getrocknete Datteln ohne Steine
50 g geschälte reife Banane
60 g fein gemahlener Leinsamen
180 g Reisdrink
120 g Agavendicksaft
150 g Weizenvollkornmehl, sehr fein gemahlen
3 TL Weinsteinbackpulver
1 TL gemahlener Zimt

etwa 40 Backoblaten (etwa 7 cm Durchmesser)

- Die Haselnüsse fein mahlen und anschließend in einer trockenen Pfanne unter Rühren sanft rösten, bis das Nussmehl leicht duftet. Aus der Pfanne nehmen und abkühlen lassen.
- Die Datteln in kleine Stückchen schneiden und die Banane mit einer Gabel fein zerdrücken.
- Den gemahlenen Leinsamen mit dem Reisdrink verquirlen, bis die Mischung leicht cremig wird. In einer großen Rührschüssel die Leinsamenmilch gut mit dem Agavendicksaft und der zerdrückten Banane verrühren.
- Das Mehl sorgfältig mit den gemahlenen Haselnüssen, Backpulver und Zimt mischen und zum Agavendicksaft geben. Alles gründlich zu einem feuchten Teig verrühren. Zum Schluss vorsichtig die Datteln unterrühren.

- Die Oblaten auf den Backblechen verteilen. Mit zwei Esslöffeln jeweils einen Esslöffel Teig pro Lebkuchen auf eine Oblate geben. Jedes Teighäufchen mit einem nassen Löffel in Oblatengröße flachdrücken und etwa glätten, den Löffel dabei immer wieder in Wasser tauchen. Die Lebkuchen über Nacht etwas trocknen lassen.
- Den Backofen auf 180 °C vorheizen.
- Die Lebkuchen nacheinander auf der mittleren Schiene im Backofen jeweils 20 – 25 Minuten backen. Fertig gebackene Lebkuchen von den Blechen nehmen und auf Kuchengittern abkühlen lassen.

Tipp: Fein gemahlener Leinsamen, mit etwas Flüssigkeit verquirlt, ist ein sehr gutes Bindemittel beim Backen.
Darüber hinaus ist Leinsamen sehr wertvoll: Kein anderes bisher bekanntes Lebensmittel enthält so viel lebensnotwendige α-Linolensäure, eine Omega-3-Fettsäure, wie Leinsamen: Leinöl besteht zu 57 Prozent daraus, rund zwei Teelöffel Leinöl oder ein Esslöffel gemahlener Leinsamen können den durchschnittlichen Tagesbedarf eines Erwachsenen an α-Linolensäure decken. Leinöl bietet darüber hinaus das niedrigste in einem Lebensmittel bisher bekannte Verhältnis von Omega-6-Fettsäure zu Omega-3-Fettsäure (28:100). Dies hilft das meist ungünstige Verhältnis dieser beiden Fettsäuren bei veganer Ernährung auszugleichen.
Weitere gute Quellen für α-Linolensäure sind Hanfsamen und Hanföl.

Schokoladenlebkuchen

Für etwa 20 Lebkuchen
100 g Mandeln
100 g Haselnüsse
100 g Orangeat
100 g Zitronat
100 g Vollkornhaferflocken
50 g hochwertige Bitterschokolade
200 g Dinkelvollkornmehl, sehr fein gemahlen
3 TL Weinsteinbackpulver
2 EL Kakaopulver (14 g)
1 TL gemahlener Zimt
¼ TL gemahlene Gewürznelken
¼ TL gemahlener Kardamom
¼ TL gemahlener Piment
2 EL fein gemahlener Leinsamen (30 g)
100 g Reisdrink
100 g Sonnenblumenöl
150 g Vollrohrzucker, fein gemahlen und gesiebt

Glasur
200 g hochwertige Bitterschokoladenkuvertüre

etwa 20 Backoblaten (etwa 6 cm Durchmesser)

❄ Mandeln und Haselnüsse fein hacken. Orangeat und Zitronat fein würfeln. Mandeln, Haselnüsse, Orangeat, Zitronat und Haferflocken mischen. Die Schokolade fein reiben.
❄ Das Mehl sorgfältig mit Backpulver, Kakao, den gemahlenen Gewürzen und der geriebenen Schokolade mischen.
❄ Den gemahlenen Leinsamen mit dem Reisdrink verquirlen, bis die Mischung leicht cremig wird.

- Den Backofen auf 180 °C vorheizen. Das Öl mit dem Zucker schaumig verquirlen und die Leinsamenmilch unterrühren. Die Mehlmischung zur Ölmischung geben, die Nussmischung dazugeben und alles zu einem Teig verrühren.
- Die Oblaten auf den Backblechen verteilen. Mit zwei Esslöffeln jeweils ein Teighäufchen auf eine Oblate setzen, dabei die Teigmenge gleichmäßig auf die Oblaten verteilen. Jedes Teighäufchen mit einem nassen Löffel flachdrücken und etwas glätten, den Löffel dabei immer wieder in Wasser tauchen. Die Lebkuchen auf der mittleren Schiene im Backofen 20 – 25 Minuten backen. Fertig gebackene Lebkuchen vorsichtig vom Blech heben und auf Kuchengittern abkühlen lassen.
- Für die Glasur die Kuvertüre in Stückchen schneiden und im heißen, aber nicht mehr kochenden Wasserbad schmelzen. Die abgekühlten Lebkuchen jeweils halb mit der Kuvertüre überziehen und trocknen lassen.

Tipp: Alle Lebkuchen oder Makronen können auch ohne Oblaten auf dem *mit Backpapier* belegten Backblech gebacken werden (falls Sie gerade keine Oblaten im Haus haben oder Oblaten nicht mögen). Die Teighäufchen werden in diesem Fall jeweils mit etwas Abstand voneinander direkt auf die Backbleche gegeben und zur jeweils angegebenen Größe flachgedrückt.
Achtung: Ohne Oblaten auf Backpapier gebackene Lebkuchen lösen sich nach dem Backen *sehr schlecht* vom Papier und Sie müssen sie *sehr schnell* von diesem lösen. Meist verformen sich die noch weichen Lebkuchen dabei und sehen dann nicht mehr so schön aus. Abgesehen davon ist Backpapier eine gute Alternative für alle, die keine Oblaten mögen.

Elisenlebkuchen

Für etwa 35 Lebkuchen
380 g Mandeln
5 Bittermandeln
60 g Orangeat
60 g Zitronat
1 unbehandelte Zitrone
2 TL Weinsteinbackpulver
2 TL gemahlener Zimt
¼ TL gemahlene Gewürznelken
3 EL fein gemahlener Leinsamen (45 g)
140 g Reisdrink
260 g Agavendicksaft

Verzierung
100 g Mandeln

etwa 35 Backoblaten (etwa 7 cm Durchmesser)

- ❄ Die Mandeln für die Verzierung in heißes Wasser legen, bis sich die Mandelhäutchen aufplustern. Dann die Mandeln aus den Häutchen drücken, mit einem Küchentuch abtrocknen und halbieren.
- ❄ Die Mandeln und die Bittermandeln für den Lebkuchenteig fein mahlen. Orangeat und Zitronat klein würfeln.
- ❄ Die Zitrone heiß abwaschen, abtrocknen und die Schale dünn abreiben.
- ❄ Die gemahlenen Mandeln sorgfältig mit dem Backpulver, den gemahlenen Gewürzen, der abgeriebenen Zitronenschale, Zitronat und Orangeat mischen.

- Den gemahlenen Leinsamen mit dem Reisdrink verquirlen, bis die Mischung leicht cremig wird. Dann die Leinsamenmilch in einer großen Rührschüssel gut mit dem Agavendicksaft verrühren. Die Mandelmischung zum Agavendicksaft geben und alles zu einem feuchten Teig vermischen.
- Die Oblaten auf den Backblechen verteilen. Mit zwei Löffeln jeweils einen Esslöffel Teig pro Lebkuchen auf eine Oblate geben. Jedes Teighäufchen mit einem nassen Löffel in Oblatengröße flachdrücken und etwas glätten, den Löffel dabei immer wieder in Wasser tauchen. Jeden Lebkuchen mit drei halben Mandeln belegen und die Lebkuchen **über Nacht** etwas trocknen lassen.
- Den Backofen auf 160 °C vorheizen und die Lebkuchen nacheinander auf der mittleren Schiene jeweils 20 – 25 Minuten backen. Fertig gebackene Lebkuchen von den Blechen nehmen und auf Kuchengittern abkühlen lassen.

St. Gallener Biberle

Für etwa 40 Stück
150 g Dinkelvollkornmehl, sehr fein gemahlen
100 g Roggenvollkornmehl, sehr fein gemahlen
1 Prise feines Meersalz
¾ TL gemahlener Sternanis
½ TL gemahlener Zimt
½ TL gemahlener Koriander
½ TL gemahlener Mazis
¼ TL gemahlener Ingwer
250 g heller Ahornsirup
50 g Vollrohrzucker, fein gemahlen und gesiebt
1 TL Natron
1 EL Wasser
Mehl für die Arbeitsfläche

Füllung
400 g Marzipanrohmasse
½ TL frisch gepresster Zitronensaft
1 TL frisch abgeriebene Zitronenschale

Glasur
1 EL Pfeilwurzelmehl
200 g heißes Wasser

Backpapier für ein Backblech

- Die Mehle sorgfältig mit dem Salz und den gemahlenen Gewürzen mischen.
- Ahornsirup und Zucker in einer großen Rührschüssel verquirlen. Die Mehlmischung zum Sirup geben alles gründlich zu einem Teig verkneten.
- Zuletzt Natron im Wasser auflösen, zum Teig geben und unterkneten. Den Teig zugedeckt bei Zimmertemperatur mindestens **2 Tage** ruhen lassen.
- Für die Füllung die Marzipanrohmasse mit dem Zitronensaft und der abgeriebenen Zitronenschale verkneten.
- Ein Backblech mit Backpapier belegen und den Backofen auf 180 °C vorheizen.
- Den Teig nochmals durchkneten und auf der leicht bemehlten Arbeitsfläche zu einer etwa 45 × 20 cm großen Platte ausrollen. Die Platte halbieren, sodass zwei 45 cm lange Streifen entstehen.
- Die Marzipanmasse in zwei gleich große Hälften teilen und jedes Stück zu einer 45 cm langen Rolle formen. Die Marzipanrollen jeweils mit einem Teigstreifen umhüllen. Jede Teigrolle in etwa 20 gleich große trapezförmige Stücke schneiden (siehe Illustration links).
- Die Biberle auf das Backblech setzen und auf der mittleren Schiene im Backofen etwa 15 Minuten backen.
- Für die Glasur das Pfeilwurzelmehl in einer trockenen Pfanne unter Rühren goldgelb rösten, mit dem heißen Wasser ablöschen und aufkochen lassen. Die noch heißen Biberle mit der Glasur bestreichen und auf Kuchengittern abkühlen lassen.

Lebkuchenrollen

Für etwa 70 Stück
150 g Mandeln
60 g Zitronat
350 g Weizenvollkornmehl, sehr fein gemahlen
1 TL gemahlener Zimt
¾ TL gemahlener Sternanis
½ TL gemahlener Koriander
½ TL gemahlener Mazis
¼ TL gemahlener Ingwer
1 Prise feines Meersalz
250 g Ahornsirup
100 g Vollrohrzucker, fein gemahlen und gesiebt
2 TL Natron
1 EL Wasser
Mehl für die Arbeitsfläche

Füllung
100 g Mandeln
50 g getrocknete Cranberrys
200 g Marzipanrohmasse
250 g Johannisbeerfruchtaufstrich
100 g Korinthen

Glasur und Verzierung
400 g hochwertige Bitterschokoladenkuvertüre
nach Belieben ungesalzene Pistazien zum Belegen

Backpapier für zwei Backbleche

- ❄ Die Mandeln fein mahlen und das Zitronat in kleine Stückchen schneiden.
- ❄ Das Mehl sorgfältig mit den gemahlenen Mandeln, den gemahlenen Gewürzen, Salz und Zitronat vermischen.
- ❄ Ahornsirup und Zucker in einer großen Rührschüssel verquirlen. Die Mehlmischung zum Sirup geben und alles gründlich zu einem Teig verkneten.
- ❄ Zuletzt Natron im Wasser auflösen, zum Teig geben und unterkneten. Den Teig zugedeckt bei Zimmertemperatur mindestens **2 Tage** ruhen lassen.
- ❄ Mandeln für die Füllung fein hacken und Cranberrys in kleine Stückchen schneiden. Die Marzipanrohmasse mit dem Fruchtaufstrich verkneten. Die Mandeln und das Zitronat dazugeben.
- ❄ Zwei Backbleche mit Backpapier belegen und den Backofen auf 190 °C vorheizen.
- ❄ Den Teig nochmals durchkneten, auf der leicht bemehlten Arbeitsfläche etwa 5 mm dick ausrollen und in 15 cm breite Streifen schneiden. Streifen mit der Marzipanfüllung bestreichen.
- ❄ Die Füllung mit den Korinthen bestreuen. Die Teigstreifen fest aufrollen. Auf die Nahtstellen legen und in etwa 1,5 cm dicke Scheiben schneiden. Die Scheiben auf die Backbleche legen und nacheinander auf der mittleren Schiene im Backofen jeweils 15 – 20 Minuten backen.
- ❄ Die Lebkuchenrollen vorsichtig von den Blechen nehmen und zum Abkühlen auf Kuchengitter setzen.
- ❄ Für die Glasur die Kuvertüre in Stückchen schneiden, im heißen, aber nicht mehr kochenden Wasserbad schmelzen. Die Röllchen mit der Kuvertüre überziehen, nach Belieben mit Pistazien belegen und trocknen lassen.

Kekse, Cookies, Spritzgebäck & Co.

Ausstecherle

Anzahl je nach Größe der Plätzchen unterschiedlich
½ Vanilleschote
1 unbehandelte Zitrone
250 g Dinkelvollkornmehl, sehr fein gemahlen
1 TL Weinsteinbackpulver
100 g Sonnenblumenöl
100 g Reissirup
Mehl für die Arbeitsfläche
Reissirup zum Bestreichen

Backpapier für ein Backblech

- Die Vanilleschote längs aufschlitzen und das Mark herausschaben.
- Die Zitrone heiß abwaschen, abtrocknen und die Schale dünn abreiben.
- Das Mehl sorgfältig mit dem Backpulver, dem Vanillemark und der abgeriebenen Zitronenschale vermischen.
- Das Sonnenblumenöl in einer großen Rührschüssel mit dem Reissirup verquirlen. Die Mehlmischung dazugeben und alles zu einem glatten, weichen Teig verkneten. Den Teig in Frischhaltefolie wickeln und mindestens 1 Stunde im Kühlschrank ruhen lassen.
- Ein Backblech mit Backpapier belegen und den Backofen auf etwa 170 °C vorheizen.

* Den Teig portionsweise auf der leicht bemehlten Arbeitsfläche etwa 4 mm dick ausrollen und beliebige Figuren aus dem Teig ausstechen.
* Die Ausstecherle auf das Backblech legen, mit etwas Reissirup einpinseln und auf der mittleren Schiene im Backofen etwa 10 Minuten goldbraun backen. Die fertig gebackenen Plätzchen vorsichtig vom Blech nehmen und auf Kuchengittern abkühlen lassen.

Tipp: Ausstechformen wie Pilze, Halbmonde, Sterne oder Tannenbäume (Weltenbaum) erinnern noch an alte Fruchtbarkeitskulte, mit welchen Menschen in früheren Jahrhunderten rund um die Wintersonnenwende am 21. Dezember, der längsten Nacht und dem kürzesten Tag, die Wiederkehr der Sonne feierten.

Grüne Limettensterne

Für etwa 70 Plätzchen
4 – 5 unbehandelte Limetten
400 g Dinkelvollkornmehl, sehr fein gemahlen
1 TL Weinsteinbackpulver
150 g Vollrohrzucker, fein gemahlen und gesiebt
1 gute Prise feines Meersalz
160 g ungeröstetes Sesamöl
Mehl für die Arbeitsfläche

Glasur
250 g pudriger Roh-Rohrzucker
1 TL Grünteepulver (Matcha)

Backpapier für zwei Backbleche

- Zwei Limetten heiß abwaschen, abtrocknen und die Schalen dünn abreiben. Dann die beiden Limetten auspressen.
- Das Mehl in einer großen Rührschüssel sorgfältig mit Backpulver, Zucker, Salz und der abgeriebenen Limettenschale vermischen.
- Das Sesamöl und 3 – 4 EL Limettensaft zur Mehlmischung geben und alles zu einem glatten Teig verkneten. Den Teig in Frischhaltefolie wickeln und mindestens 1 Stunde im Kühlschrank ruhen lassen.
- Zwei Backbleche mit Backpapier belegen und den Backofen auf 180 °C vorheizen.
- Den Teig portionsweise auf der leicht bemehlten Arbeitsfläche 2 – 3 mm dick ausrollen und große Sterne aus dem Teig ausstechen. Die Sterne auf die Backbleche legen und nacheinander auf der mittleren Schiene im Backofen jeweils etwa 10 Minuten hellbraun backen.

- Die fertig gebackenen Plätzchen vorsichtig von den Blechen nehmen und auf Kuchengittern abkühlen lassen.
- Für die Glasur die restlichen Limetten auspressen, sodass Sie 2 – 3 EL Saft erhalten. Den Zucker mit so viel Saft verrühren, dass ein dicker Zuckerguss entsteht. Diesen Guss in zwei Hälften teilen und die eine Hälfte mit dem Teepulver grün färben. Jede Sorte Guss in einen kleinen Spritzbeutel mit feiner Tülle füllen und die Sterne damit grün und weiß verzieren.

Tipp: Grünteepulver (Matcha) gibt es auch aus ökologischem Anbau. Erhältlich ist es zum Beispiel im gut sortierten Teefachhandel.

Cantuccini

Für etwa 80 Plätzchen

200 g Mandeln
2 Bittermandeln
1 Vanilleschote
250 g Weizenvollkornmehl, sehr fein gemahlen
3 TL Weinsteinbackpulver
180 g Vollrohrzucker, fein gemahlen und gesiebt
1 gute Prise feines Meersalz
knapp 2 EL Mandelmus (40 g)
100 – 140 g Reisdrink
2 EL frisch gepresster Zitronensaft

Backpapier für ein Backblech

- Die Mandeln in heißes Wasser legen, bis sich die Mandelhäutchen aufplustern. Dann die Mandeln aus den Häutchen drücken und auf einem Küchentuch trocknen lassen.
- Die Bittermandeln fein reiben.
- Die Vanilleschote längs aufschlitzen und das Mark herausschaben.
- Das Mehl, Backpulver, geriebene Bittermandeln, Vanillemark, Zucker und Salz in einer großen Rührschüssel sorgfältig mischen. In die Mitte der Mehlmischung eine Mulde drücken.
- Mandelmus mit Reisdrink und Zitronensaft verrühren und in die Mulde der Mehlmischung geben. Alles zu einem glatten Teig verkneten und zuletzt die Mandeln einarbeiten.
- Den Teig in vier gleich große Portionen teilen und jedes Teigstück zu einer etwa 25 cm langen Rolle formen. Rollen in Frischhaltefolie wickeln und 2 Stunden im Kühlschrank ruhen lassen.

- Ein Backblech mit Backpapier belegen und den Backofen auf 180 – 200 °C vorheizen.
- Die Rollen mit ausreichend Abstand voneinander aufs Blech legen und auf der mittleren Schiene im Backofen 10 – 15 Minuten backen. Das Blech aus dem Ofen nehmen und die Temperatur auf 120 °C herunterschalten.
- Die Rollen etwas abkühlen lassen, schräg in etwa 1 cm dicke Scheiben schneiden, die Scheiben portionsweise jeweils mit den Schnittflächen aufs Blech legen und im Ofen bei 120 °C nochmals etwa 10 Minuten rösten.

Tipp: Die ätherischen Öle der Bittermandel verleihen vielen weihnachtlichen Backwaren ihr charakteristisches Aroma. Bittermandeln sind meist etwas kleiner und unregelmäßiger geformt als ihre süßen Verwandten. Sie schmecken so bitter, dass es im Falle eines versehentlichen Rohverzehrs bei einer einzigen Bittermandel bleiben wird. Und das ist gut so, weil rohe Bittermandeln giftige Blausäure enthalten. Beim Erhitzen zersetzt sich die Blausäure zum größten Teil und die Bittermandeln werden genießbar.
Aufgrund ihres Blausäuregehaltes sind Bittermandeln hierzulande nur in Kleinstpackungen erhältlich. Obwohl der Verzehr einer einzigen rohen Bittermandel kein Grund zur Sorge ist, sollten Sie Bittermandeln getrennt von süßen Mandeln und außer Reichweite von Kindern aufbewahren. Wer keine Bittermandeln verwenden möchte, lässt sie einfach weg.

Zitronen-Mais-Kekse

Für etwa 50 Plätzchen
1 Vanilleschote
1 große unbehandelte Zitrone
50 g Weizenvollkornmehl, sehr fein gemahlen
200 g Maismehl, sehr fein gemahlen
2 TL Weinsteinbackpulver
100 g heller Ahornsirup
100 g Sonnenblumenöl

Backpapier für ein Backblech

- ❄ Die Vanilleschote längs aufschlitzen und das Mark herausschaben.
- ❄ Die Zitrone heiß abwaschen, abtrocknen und die Schale dünn abreiben. Dann die Zitrone auspressen.
- ❄ Die Mehle sorgfältig mit Backpulver, abgeriebener Zitronenschale und Vanillemark mischen.
- ❄ In einer großen Rührschüssel Ahornsirup mit Sonnenblumenöl und Zitronensaft verquirlen. Die Mehlmischung zur Sirup-Öl-Mischung geben und alles zu einem glatten, weichen Teig verkneten. Den Teig zu einer etwa 25 cm langen Rolle formen, in Frischhaltefolie wickeln und mindestens 2 Stunden, besser noch **über Nacht,** im Kühlschrank ruhen lassen.
- ❄ Ein Backblech mit Backpapier belegen und den Backofen auf 180 – 195 °C vorheizen.
- ❄ Die Teigrolle in etwa 5 mm dicke Scheiben schneiden und diese auf das Backblech legen.
- ❄ Die Zitronenkekse auf der mittleren Schiene im Backofen 10 – 15 Minuten goldbraun backen. Fertig gebackene Kekse vorsichtig vom Blech nehmen und auf Kuchengittern abkühlen lassen.

Paranuss-Bananen-Kekse

Für etwa 60 Plätzchen
100 g Paranüsse
1 Vanilleschote
400 g Dinkelvollkornmehl, sehr fein gemahlen
1 EL Weinsteinbackpulver
320 g geschälte reife Bananen
100 g Sonnenblumenöl

Backpapier für zwei Backbleche

- Die Paranüsse fein mahlen.
- Die Vanilleschote längs aufschlitzen und das Mark herausschaben.
- Das Mehl sorgfältig mit dem Backpulver, den gemahlenen Paranüssen und dem Vanillemark mischen.
- Die Bananen in einer großen Rührschüssel mit einer Gabel fein zerdrücken und mit dem Öl verrühren. Die Mehlmischung zur Bananenmischung geben und alles zu einem glatten Teig verkneten.
- Zwei Backbleche mit Backpapier belegen und den Backofen auf 180 – 195 °C vorheizen.
- Mit nassen Händen walnussgroße Kugeln aus dem Teig formen, die Kugeln mit etwas Abstand voneinander auf die Backbleche setzen und mit einer nassen Gabel etwas flachdrücken.
- Bananenkekse nacheinander auf der mittleren Schiene im Backofen jeweils 10 – 15 Minuten backen. Die fertig gebackenen Kekse vorsichtig von den Backblechen nehmen und auf Kuchengittern abkühlen lassen.

Schokoladenkekse

Für etwa 40 Plätzchen
20 g hochwertige Bitterschokolade
120 g Dinkelvollkornmehl, sehr fein gemahlen
3 EL Kakaopulver (20 g)
½ EL frisch gemahlener Espresso-Kaffee
50 g Vollrohrzucker, fein gemahlen und gesiebt
100 g Sonnenblumenöl
1 EL Haselnussmus (20 g)

Glasur
6 EL Orangenfruchtaufstrich (150 g)
200 g hochwertige Bitterschokoladenkuvertüre

Backpapier für ein Backblech

- ❄ Die Schokolade mit einem Messer in dünne Schokoladenlocken schneiden.
- ❄ Das Mehl sorgfältig mit Kakaopulver, Kaffeepulver, Zucker und Schokolade mischen.
- ❄ In einer großen Rührschüssel das Sonnenblumenöl mit dem Haselnussmus verquirlen. Die Mehlmischung zum Öl geben und alles zu einem glatten Teig verkneten.
- ❄ Ein Backblech mit Backpapier belegen und den Backofen auf 175 °C vorheizen.
- ❄ Mit nassen Händen haselnussgroße Kugeln aus dem Teig formen, die Kugeln mit etwas Abstand voneinander auf das Backblech setzen und mit einer nassen Gabel leicht flachdrücken.
- ❄ Die Schokoladenkekse auf der mittleren Schiene im Backofen 8 – 10 Minuten backen. Die fertig gebackenen Kekse vom Blech nehmen und auf Kuchengittern abkühlen lassen.

- Für die Glasur den Orangenfruchtaufstrich in einem Topf leicht erwärmen und glatt rühren. Die kalten Plätzchen jeweils zur Hälfte in den Fruchtaufstrich tauchen und auf Backpapier trocknen lassen.
- Inzwischen die Kuvertüre in kleine Stücke schneiden und im heißen, aber nicht mehr kochenden Wasserbad schmelzen. Die Plätzchen mit den Orangenseiten in die Kuvertüre tauchen und auf Backpapier trocknen lassen.

Tipp: Nehmen Sie für den Fruchtaufstrich und die Kuvertüre jeweils eine kleine Schüssel, die dann gut gefüllt ist. So können Sie die Plätzchen schön tief eintauchen.

Sesam-Hirse-Plätzchen

Für etwa 30 Plätzchen
100 g Sesamsamen
80 g Hirsemehl, sehr fein gemahlen
100 g Weizenvollkornmehl, sehr fein gemahlen
1 TL Weinsteinbackpulver
½ TL frisch abgeriebene Zitronenschale
120 g Reissirup
50 g Sesammus
2 ½ EL ungeröstetes Sesamöl (40 g)
50 – 60 g Himbeersaft
1 EL frisch gepresster Zitronensaft
100 g Korinthen

Backpapier für ein Backblech

- Die Sesamsamen in einer trockenen Pfanne unter Rühren leicht golden rösten – dabei einen Deckel auf die Pfanne legen, damit die Samen nicht durch die Küche springen. Aus der Pfanne nehmen und abkühlen lassen.
- Die Mehle sorgfältig mit dem Backpulver, der abgeriebenen Zitronenschale und dem Sesam mischen.
- Reissirup in einer großen Rührschüssel mit Sesammus, Sesamöl, Himbeersaft und Zitronensaft verquirlen.
- Die Mehlmischung und die Korinthen zur Sirup-Öl-Mischung geben und alles zu einem glatten Teig verrühren. Den Teig etwa 20 Minuten ruhen lassen.

- Den Backofen auf 180 °C vorheizen und ein Backblech mit Backpapier belegen.
- Mit zwei Löffeln jeweils einen Esslöffel Teig pro Plätzchen auf das Backblech setzen und mit einem nassen Löffel etwas flachdrücken (oder Kugeln aus dem weichen, aber formbaren Teig rollen, etwas flachdrücken und auf das Backblech legen), dabei etwas Abstand zwischen den einzelnen Teighäufchen lassen.
- Die Plätzchen auf der mittleren Schiene im Backofen etwa 20 Minuten goldgelb backen. Die fertig gebackenen Plätzchen vorsichtig vom Blech nehmen und auf Kuchengittern abkühlen lassen.

Marzipanspritzgebäck

Anzahl je nach Größe der Gebäckstücke unterschiedlich
1 unbehandelte Zitrone
1 Vanilleschote
250 g Weizenvollkornmehl, sehr fein gemahlen
100 g Pfeilwurzelmehl
250 g Marzipanrohmasse
100 g Vollrohrzucker, fein gemahlen und gesiebt
160 g Sonnenblumenöl
etwa 80 g Hafersahne

Glasur
etwa 250 g hochwertige Bitterschokoladenkuvertüre

Backpapier für zwei Backbleche

- Die Zitrone heiß abwaschen, abtrocknen und die Schale dünn abreiben.
- Die Vanilleschote längs aufschlitzen und das Mark herausschaben.
- Das Mehl sorgfältig mit dem Pfeilwurzelmehl mischen.
- Das Marzipan zu kleinen Stückchen zerpflücken und in einer großen Rührschüssel mit Zucker, Öl und Hafersahne cremig rühren. Das Mehlgemisch, Vanillemark und abgeriebene Zitronenschale löffelweise zur Marzipanmasse geben und alles zu einem weichen, glatten Teig verrühren. Den Teig kurze Zeit bei Zimmertemperatur quellen lassen.
- Zwei Backbleche mit Backpapier belegen und den Backofen auf 180 °C vorheizen.

- Den Teig portionsweise in einen Spritzbeutel mit großer Sterntülle füllen und in beliebiger Form, zum Beispiel als Stange, Tupfen, Kringel oder in S-Form, auf die Backbleche spritzen, dabei etwas Abstand zwischen den einzelnen Teigstücken lassen.
- Das Spritzgebäck nacheinander auf der mittleren Schiene im Backofen jeweils 10 – 15 Minuten leicht golden backen. Das fertig gebackene Spritzgebäck aus dem Ofen nehmen und auf Kuchengittern etwas abkühlen lassen.
- Die Kuvertüre in kleine Stückchen schneiden und im heißen, aber nicht mehr kochenden Wasserbad schmelzen. Das noch warme Gebäck jeweils zur Hälfte oder an den Enden in die geschmolzene Kuvertüre tauchen und trocknen lassen.

Orangenkringel

Für etwa 40 Stück
1 unbehandelte Zitrone
1 unbehandelte Orange
150 g Dinkelvollkornmehl, sehr fein gemahlen
100 g Hirsemehl, sehr fein gemahlen
1 TL Weinsteinbackpulver
80 g Sonnenblumenöl
80 g Agavendicksaft
etwa 80 g Hafersahne
etwa 2 EL Agavendicksaft für die Glasur

Backpapier für zwei Backbleche

- Die Zitrone und die Orange heiß abwaschen und abtrocknen. Die Schale der Zitrone zur Hälfte dünn abreiben, die Schale der Orange ganz abreiben.
- Die Orange auspressen.
- Die Mehle sorgfältig mit dem Backpulver mischen.
- In einer großen Rührschüssel das Öl mit Agavendicksaft, der Hälfte des Orangensafts und der Hafersahne schaumig rühren. Das Mehlgemisch und die abgeriebenen Zitrusschalen löffelweise unterrühren und alles zu einem weichen, glatten Teig verrühren. Diesen etwa 15 Minuten bei Zimmertemperatur quellen lassen.
- Zwei Backbleche mit Backpapier belegen und den Backofen auf 185 – 195 °C vorheizen.
- Den Teig portionsweise in einen Spritzbeutel mit Sterntülle füllen und als Kringel von 6 – 7 cm Durchmesser auf die Backbleche spritzen.

- Die Kringel nacheinander auf der mittleren Schiene im Backofen jeweils 10 – 15 Minuten goldgelb backen. Die fertig gebackenen Kringel aus dem Ofen nehmen und auf Kuchengittern etwas abkühlen lassen.
- Für die Glasur den restlichen Orangensaft mit dem Agavendicksaft verrühren. Die noch warmen Kringel damit einpinseln und trocknen lassen.

Haferflocken-Rosinen-Plätzchen

Anzahl je nach Größe der Plätzchen unterschiedlich
150 g Dinkelvollkornmehl, sehr fein gemahlen
150 g Vollkornhaferflocken
2 TL Weinsteinbackpulver
1 TL gemahlener Zimt
1 Prise feines Meersalz
100 g Rosinen
75 – 90 g Reisdrink
3 EL Reissirup (45 g, nach Geschmack auch etwas mehr)
2 EL Sonnenblumenöl (30 g)

Backpapier für ein Backblech

- Das Mehl sorgfältig mit Haferflocken, Backpulver, Zimt, Salz und Rosinen mischen.
- In einer großen Rührschüssel Reisdrink mit Reissirup und Sonnenblumenöl verquirlen.
- Die Mehlmischung zum verquirlten Reisdrink geben und alles zu einem recht klebrigen Teig verkneten.
- Ein Backblech mit Backpapier belegen und den Backofen auf 185 – 195 °C vorheizen.
- Mit feuchten Händen jeweils eine haselnuss- bis walnussgroße Menge Teig zu einem kleinen Plätzchen formen und auf das Backblech setzen. Etwas Abstand zwischen den einzelnen Plätzchen lassen.
- Die Plätzchen auf der mittleren Schiene im Backofen je nach Dicke der Teigstücke 10 – 15 Minuten backen, bis die Plätzchen an den Rändern leicht braun sind. Fertig gebackene Plätzchen vom Blech nehmen und auf Kuchengittern abkühlen lassen.

Erdnuss-Haferflocken-Cookies

Für etwa 55 Cookies
1 Vanilleschote
75 g Weizenvollkornmehl, sehr fein gemahlen
125 g Vollkornhaferflocken
1 TL Weinsteinbackpulver
75 g Vollrohrzucker, fein gemahlen und gesiebt
100 g Erdnussöl
100 g ungesalzene Erdnüsse

Backpapier für zwei Backbleche

- Die Vanilleschote längs aufschlitzen und das Mark herausschaben.
- Das Mehl sorgfältig mit Haferflocken, Backpulver, Zucker und Vanillemark vermischen.
- Zwei Backbleche mit Backpapier belegen und den Backofen auf 175 °C vorheizen.
- Das Erdnussöl in eine große Rührschüssel gießen, die Mehlmischung zum Öl geben und alles zu einem weichen Teig verrühren. Zuletzt die Erdnüsse unzerkleinert untermischen.
- Mit zwei Teelöffeln kleine Teighäufchen mit reichlich Abstand voneinander auf die Backbleche setzen.
- Die Cookies nacheinander auf der mittleren Schiene im Backofen jeweils 10 – 15 Minuten backen. Fertig gebackene Cookies vorsichtig von den Blechen nehmen und auf Kuchengittern abkühlen lassen.

Schoko-Pinienkern-Cookies

Für etwa 24 Cookies
100 g Pinienkerne
180 g Dinkelvollkornmehl, sehr fein gemahlen
50 g gepuffter Amarant
1 TL Weinsteinbackpulver
200 g Vollrohrzucker, fein gemahlen und gesiebt
100 g Sonnenblumenöl
etwa 70 g Reisdrink
100 g Bitterschokoladentropfen

Backpapier für zwei Backbleche

- Die Pinienkerne in einer trockenen Pfanne unter Rühren sanft rösten, bis sie duften. Aus der Pfanne nehmen und abkühlen lassen.
- Das Mehl sorgfältig mit Amarant, Backpulver und Zucker mischen.
- In einer großen Rührschüssel Sonnenblumenöl und Reisdrink verquirlen. Die Mehlmischung zur Ölmischung geben und alles zu einem feuchten Teig verrühren. Zuletzt Pinienkerne und Schokoladentropfen dazugeben und gründlich untermischen.
- Zwei Backbleche mit Backpapier belegen und den Backofen auf 180 °C vorheizen.
- Pro Backblech 6 etwa pflaumengroße Teighäufchen mit reichlich Abstand voneinander auf die Bleche setzen (nicht mehr, weil der Teig beim Backen auseinanderläuft). Die Cookies werden blechweise nacheinander gebacken – während das zweite Blech im Ofen ist, kann auf dem ersten, bereits wieder freien Blech die dritte Cookieportion verteilt werden. Entsprechend wird mit der vierten Teigportion verfahren.

❄ Cookies jeweils auf der zweiten Schiene von unten im Backofen 10 – 15 Minuten backen. Fertig gebackene Cookies vorsichtig von den Blechen nehmen und auf Kuchengittern abkühlen lassen.

Tipp: Nüsse und Samen sind überaus reich an wertvollem pflanzlichen Eiweiß, gesundem Fett, lebenswichtigen Mineralstoffen, wie Calcium, Magnesium, Eisen, Zink oder Selen, Vitaminen, wie Vitamin E oder den B-Vitaminen B_1, B_2 oder B_6, und sekundären Pflanzenstoffen, die vielfach antioxidativ wirken. Nicht nur Veganerinnen und Veganer sollten aus dieser Fülle schöpfen und sich nicht vom überholten Image der Nüsse als Dickmacher abschrecken lassen.
Gerade bei rein pflanzlicher Ernährung tun Sie sich und Ihrer körperlichen, psychischen und seelischen Gesundheit etwas Gutes, wenn Sie zum Beispiel Haselnüsse, Mandeln, Paranüsse, Walnüsse, Pistazien, Sonnenblumenkerne, Kürbiskerne, Sesam, Mohn, Hanfsamen oder Leinsamen reichlich genießen: Verwenden Sie verschiedene Nussmuse als Brotaufstrich oder als Dip, streuen Sie Nüsse und Samen auf Salate, Obstspeisen oder Gemüsegerichte, bereichern Sie Ihr Müsli und Getreidegerichte mit Nüssen und Samen, ersetzen Sie beim Backen einen Teil des Mehls durch gemahlene Nüsse oder essen Sie Nüsse und Samen einfach so zwischendurch.

Schokoladen-Nuss-Kugeln

Für 60 Kugeln
80 g Mandeln oder Haselnüsse
80 g Paranüsse oder Walnüsse
100 g hochwertige Bitterschokolade
100 g Vollrohrzucker, fein gemahlen und gesiebt
80 g Weizenvollkornmehl, sehr fein gemahlen
100 g ungeröstetes Sesamöl

Backpapier für ein Backblech

❄ Die Mandeln oder Haselnüsse fein mahlen und sanft in einer trockenen Pfanne unter Rühren rösten, bis das Nussmehl duftet. Aus der Pfanne nehmen und abkühlen lassen.
❄ Die Paranüsse oder Walnüsse fein mahlen.
❄ Die Schokolade mit einem Messer in feine Schokoladenlocken schneiden.
❄ Alle Zutaten in eine Rührschüssel geben und rasch zu einem glatten Teig verkneten. Teig zu einer etwa 30 cm langen Rolle formen, in Frischhaltefolie wickeln und 2 Stunden im Kühlschrank ruhen lassen.
❄ Ein Backblech mit Backpapier belegen und den Backofen auf 175 °C vorheizen.

- Teigrolle in etwa 5 mm dicke Scheiben schneiden, zu kleinen Kugeln rollen und diese auf das Backblech legen.
- Die Schokoladen-Nuss-Kugeln auf der mittleren Schiene im Backofen 20 – 25 Minuten backen. Fertig gebackene Kugeln vom Blech nehmen und auf Kuchengittern abkühlen lassen.

Gefüllte Walnussherzen

Für etwa 20 Plätzchen
100 g Walnüsse
1 Vanilleschote
125 g Dinkelvollkornmehl, sehr fein gemahlen
3 ½ EL Vollrohrzucker, fein gemahlen und gesiebt (40 g)
50 g Haselnussmus
50 g Sonnenblumenöl
2 EL frisch aufgebrühter starker Kaffee
4 EL Quittengelee (100 g)
nach Belieben pudriger Roh-Rohrzucker zum Bestäuben

Backpapier für zwei Backbleche und zum Ausrollen

❄ Die Walnüsse fein mahlen und anschließend in einer trockenen Pfanne unter Rühren sanft rösten, bis das Nussmehl duftet. Aus der Pfanne nehmen und abkühlen lassen.
❄ Die Vanilleschote längs aufschlitzen und das Mark herausschaben.
❄ Das Mehl sorgfältig mit den gemahlenen Walnüssen, Vanillemark und Zucker mischen.
❄ In einer Rührschüssel Haselnussmus, Sonnenblumenöl und Kaffee verrühren. Die Mehlmischung dazugeben und alles zu einem glatten Teig verkneten. Den Teig zu einer Kugel formen, in Frischhaltefolie wickeln und mindestens 1 Stunde im Kühlschrank ruhen lassen.
❄ Zwei Backbleche mit Backpapier belegen und den Backofen auf 180 °C vorheizen.
❄ Den Teig portionsweise zwischen zwei Lagen Backpapier etwa 3 mm dick ausrollen. Insgesamt etwa 40 mittelgroße Herzen aus dem Teig ausstechen und mit etwas Abstand voneinander auf die Backbleche legen.

- Herzen nacheinander auf der mittleren Schiene im Backofen jeweils 10 – 12 Minuten backen. Fertig gebackene Herzen vorsichtig von den Blechen heben und auf Kuchengittern abkühlen lassen.
- Das Quittengelee leicht erwärmen. Die Hälfte der Herzen damit bestreichen, behutsam jeweils ein zweites Herz auf ein Quittenherz legen und andrücken.
- Die gefüllten Herzen nach Belieben mit Puderzucker bestäuben und auf Kuchengittern trocknen lassen.

Tipp: Sie können die Herzen auch mit Nougat füllen. Hierfür benötigen Sie etwa 150 g Nougat. Schneiden Sie es in dünne Scheiben und setzen Sie jeweils zwei Herzen mit einem Nougatscheibchen dazwischen zusammen.

Rosarote Pistazienherzen

Für etwa 40 Plätzchen
50 g ungesalzene Pistazien
etwa 20 ungesalzene Pistazien für die Verzierung
125 g Weizenvollkornmehl, sehr fein gemahlen
50 g Vollrohrzucker, fein gemahlen und gesiebt
80 g Sonnenblumenöl
Mehl für die Arbeitsfläche

Füllung und Guss
etwa 4 EL Zitronengelee (100 g)
etwa 2 EL pudriger Roh-Rohrzucker (35 g)
etwa 2 EL Johannisbeergelee (50 g)
etwas frisch gepresster Zitronensaft

Backpapier für zwei Backbleche

- Die Pistazien für den Teig fein mahlen, die Pistazien für die Verzierung halbieren.
- Das Mehl in einer Rührschüssel sorgfältig mit den gemahlenen Pistazien und dem Zucker vermischen, das Öl dazugeben und alles zu einem glatten Teig verkneten. Den Teig zu einer Kugel formen, in Frischhaltefolie wickeln und 2 Stunden im Kühlschrank ruhen lassen.
- Zwei Backbleche mit Backpapier belegen und den Backofen auf 180 – 190 °C vorheizen.
- Den Teig portionsweise auf wenig Mehl etwa 2 mm dick ausrollen und etwa 80 kleine Herzen aus dem Teig ausstechen. Die Herzen auf die Backbleche legen und nacheinander auf der mittleren Schiene im Backofen jeweils 8 – 10 Minuten backen. Fertig gebackene Herzen vorsichtig von den Blechen heben und auf Kuchengittern abkühlen lassen.

❄ Das Zitronengelee leicht erwärmen. Die Hälfte der Herzen damit bestreichen, behutsam jeweils ein zweites Herz auf ein Zitronenherz legen und andrücken.

❄ Puderzucker mit Johannisbeergelee und etwas Zitronensaft zu einem Guss verrühren. Die gefüllten Herzen mit dem Guss bepinseln, jeweils mit einer halben Pistazie belegen und auf Kuchengittern trocknen lassen.

Gefüllte Schokoherzen

Für 40 bis 50 Plätzchen
50 g Mandeln
1 große unbehandelte Orange
200 g Dinkelvollkornmehl, sehr fein gemahlen
2 TL Weinsteinbackpulver
75 g Vollrohrzucker, fein gemahlen und gesiebt
70 g ungeröstetes Sesamöl
150 g Agavendicksaft
Mehl für die Arbeitsfläche

Füllung und Glasur
4 EL Hagebuttenfruchtaufstrich (100 g)
300 g Marzipanrohmasse
200 g hochwertige Bitterschokoladenkuvertüre

Backpapier für zwei Backbleche und zum Ausrollen

- Die Mandeln fein mahlen.
- Die Orange heiß abwaschen, abtrocknen und die Schale dünn abreiben. Orange anschließend auspressen.
- Das Mehl sorgfältig mit den gemahlenen Mandeln, dem Backpulver, etwa 1 EL abgeriebener Orangenschale und dem Zucker vermischen.
- In einer großen Rührschüssel Sesamöl, Agavendicksaft und etwa 50 g Orangensaft verquirlen. Die Mehlmischung zur Ölmischung geben und alles rasch zu einem glatten Teig verkneten. Den Teig zu einer Kugel formen, in Frischhaltefolie wickeln und 2 Stunden im Kühlschrank ruhen lassen.
- Den Backofen auf 180 °C vorheizen und zwei Backbleche mit Backpapier belegen.

- Den Teig portionsweise auf der leicht bemehlten Arbeitsfläche etwa 5 mm dick ausrollen und Herzen von etwa 5 cm Durchmesser aus dem Teig ausstechen.
- Die Herzen auf die Backbleche legen und nacheinander auf der mittleren Schiene im Backofen jeweils 10 – 12 Minuten backen. Die fertig gebackenen Herzen behutsam von den Blechen heben und auf Kuchengittern abkühlen lassen.
- Den Hagebuttenfruchtaufstrich leicht erwärmen und die Herzen damit bestreichen.
- Das Marzipan zwischen zwei Lagen Backpapier etwa 2 mm dick ausrollen und Herzen von etwa 5 cm Durchmesser aus der Marzipanplatte ausstechen. Jeweils ein Marzipanherz auf ein gebackenes Herz legen.
- Die Kuvertüre in kleine Stücke schneiden und im heißen, aber nicht mehr kochenden Wasserbad schmelzen. Die Herzen mit der Kuvertüre einpinseln, nach Belieben mit etwas restlicher abgeriebener Orangenschale bestreuen und trocknen lassen.

Tipp: Marzipan sollte man stets auf pudrigem Zucker oder zwischen zwei Lagen Papier ausrollen, niemals auf Mehl, da es durch Beigabe von Mehl leichter verdirbt.

Gefülltes Schokoladenspritzgebäck

Für etwa 60 Stück

Füllung
120 g getrocknete Feigen
160 g Wasser
65 g Sonnenblumenöl
120 g Haselnussmus
½ TL Pfeilwurzelmehl

Teig
250 g Haselnüsse
2 Vanilleschoten
400 g Dinkelvollkornmehl, sehr fein gemahlen
2 EL Pfeilwurzelmehl (17 g)
4 TL Weinsteinbackpulver
2 EL Kakaopulver (14 g)
2 TL gemahlener Zimt
480 g Sonnenblumenöl
250 – 300 g Reissirup

Sonnenblumenöl für zwei Backbleche

❄ Für die Füllung die Feigen klein schneiden und etwa 2 Stunden im Wasser einweichen. Dann mit dem Einweichwasser fein pürieren und mit Öl, Haselnussmus und Pfeilwurzelmehl cremig verrühren. Creme im Kühlschrank etwas fest werden lassen.

❄ Die Haselnüsse fein mahlen und sanft in einer trockenen Pfanne unter Rühren rösten, bis das Nussmehl duftet. Aus der Pfanne nehmen und abkühlen lassen.

- Die Vanilleschoten längs aufschlitzen und das Mark herausschaben.
- Den Backofen auf 175 – 180 °C vorheizen und zwei Backbleche dünn mit Öl bestreichen.
- Das Mehl sorgfältig mit den gemahlenen Haselnüssen, dem Pfeilwurzelmehl, Backpulver, Kakaopulver, Zimt und Vanillemark mischen.
- In einer großen Rührschüssel Öl und Sirup verquirlen. Die Mehlmischung zur Ölmischung geben und alles zu einem glatten Teig verrühren.
- Den Teig portionsweise in einen Spritzbeutel mit großer Sterntülle geben und etwa 4 cm lange Teigstangen mit etwas Abstand voneinander auf die Backbleche spritzen.
- Teigstangen nacheinander auf der mittleren Schiene im Backofen jeweils 10 – 15 Minuten backen. Fertig gebackene Stangen auf den Blechen abkühlen lassen.
- Die Hälfte der Teigstangen jeweils auf der Unterseite mit etwas Feigen-Nuss-Creme bestreichen, jeweils eine zweite Teigstange mit der Unterseite darauflegen und vorsichtig andrücken. Kühl lagern, damit die Füllung in Form bleibt.

Tipp: Sie können die Teigstangen auch mit fertiger Schokoladencreme oder geschmolzener Bitterschokolade zusammenkleben. Und versuchen Sie auch einmal diese Variante: Nehmen Sie für den Spritzgebäckteig statt Reissirup dieselbe Menge Pflaumenmus und gegebenenfalls etwas Wasser!

Rosinen kugeln im Schnee

Für etwa 50 Kugeln
250 g Rosinen
250 g warmes Wasser
90 – 150 g ungeröstetes Sesamöl
1 Vanilleschote
420 g Dinkelvollkornmehl, sehr fein gemahlen
200 g getrocknete Kokosraspel
etwa 4 EL Mangofruchtaufstrich (100 g)

Backpapier für ein Backblech

- Die Rosinen etwa 2 Stunden im Wasser einweichen. Anschließend mit dem Einweichwasser pürieren und in einer großen Rührschüssel mit dem Öl verrühren.
- Die Vanilleschote längs aufschlitzen und das Mark herausschaben.
- Das Mehl sorgfältig mit dem Vanillemark mischen, zu den pürierten Rosinen geben und alles rasch zu einem glatten Teig verkneten. Den Teig zu einer langen Rolle formen, in Frischhaltefolie wickeln und etwa 1 Stunde im Kühlschrank ruhen lassen.
- Ein Backblech mit Backpapier belegen und den Backofen auf 180 °C vorheizen.
- Die Kokosraspel in einen tiefen Suppenteller geben.
- Die Teigrolle in etwa 50 kleine Stückchen schneiden. Jedes Teigstück mit nassen Händen zu einer Kugel rollen, in den Kokosraspeln wälzen und auf das Backblech setzen. Mit einem dünnen Kochlöffelstiel jeweils eine kleine Mulde in jede Teigkugel drücken.

- Den Fruchtaufstrich in einen Spritzbeutel mit sehr kleiner Tülle füllen und jeweils etwas davon in jede Kugelmulde geben.
- Die Rosinenkugeln auf der mittleren Schiene im Backofen 15 – 20 Minuten backen. Fertig gebackene Kugeln vom Blech nehmen und auf Kuchengittern abkühlen lassen.

Gefüllte Kirschkugeln

Für etwa 60 Kugeln
500 g Weizenvollkornmehl, sehr fein gemahlen
1 TL Weinsteinbackpulver
150 g Vollrohrzucker, fein gemahlen und gesiebt
200 g Sonnenblumenöl
etwa 50 g Kirschsaft oder Wasser
75 g getrocknete Süßkirschen oder Sauerkirschen
100 g hochwertige Bitterschokolade
50 g hochwertige Bitterschokoladenkuvertüre

Backpapier für zwei Backbleche

- Das Mehl sorgfältig mit Backpulver und Zucker mischen.
- In einer großen Rührschüssel das Öl mit dem Kirschsaft oder Wasser verquirlen. Die Mehlmischung zur Ölmischung geben und alles rasch zu einem glatten Teig verkneten. Den Teig in zwei gleich große Hälften teilen, jedes der beiden Teigstücke zu einer Rolle formen, in Frischhaltefolie wickeln und 2 Stunden im Kühlschrank ruhen lassen.
- Die getrockneten Kirschen gegebenenfalls etwas klein schneiden. Die Schokolade mit einem Messer in feine Schokoladenlocken schneiden.
- Zwei Backbleche mit Backpapier belegen und den Backofen auf 180 °C vorheizen.
- Die beiden Teigrollen in jeweils 30 gleich große Stückchen schneiden. Jedes Teigstück auf der Handfläche zu einem Tellerchen formen, jeweils ½ – 1 TL der Schokoladen-Kirsch-Mischung auf das Teigstück geben, Teig darüberklappen und zu einer Kugel rollen.

❄ Die Kugeln auf die Backbleche setzen und nacheinander auf der mittleren Schiene im Backofen jeweils 15 – 18 Minuten zart hellbraun backen. Fertig gebackene Kugeln von den Blechen nehmen und auf Kuchengittern abkühlen lassen.

❄ Die Kuvertüre in kleine Stückchen schneiden, in einen kleinen Gefrierbeutel füllen, diesen verschließen und in ein heißes, aber nicht mehr kochendes Wasserbad hängen, bis die Kuvertüre geschmolzen ist. Vom Beutel eine kleine Ecke abschneiden, die Kugeln mit feinen Kuvertürelinien überziehen und trocknen lassen.

Orangenpäckchen

Für etwa 55 Stück
200 g Mandeln
1 große unbehandelte Orange
200 g Dinkelvollkornmehl, sehr fein gemahlen
100 g Vollrohrzucker, fein gemahlen und gesiebt
1 gute Prise feines Meersalz
100 g Mandelmus
60 g Sonnenblumenöl
1 EL fein gemahlener Leinsamen (15 g)
Mehl für die Arbeitsfläche
250 g dicker Orangenfruchtaufstrich

Backpapier für zwei Backbleche

❄ Die Mandeln fein mahlen.
❄ Die Orange heiß abwaschen, abtrocknen und die Schale dünn abreiben. Orange anschließend auspressen.
❄ Das Mehl sorgfältig mit den gemahlenen Mandeln, abgeriebener Orangenschale (1 EL oder auch mehr), Zucker und Salz mischen.
❄ In einer großen Rührschüssel Mandelmus und Sonnenblumenöl gründlich mischen.
❄ Den gemahlenen Leinsamen mit etwa 50 g Orangensaft verquirlen, zur Mandelcreme geben und gut verrühren.
❄ Die Mehlmischung zur Mandelcreme geben und alles rasch zu einem glatten Teig verkneten. Den Teig zu einer Kugel formen, in Frischhaltefolie wickeln und 2 Stunden im Kühlschrank ruhen lassen.
❄ Zwei Backbleche mit Backpapier belegen und den Backofen auf 200 °C vorheizen.

- Den Teig portionsweise auf der leicht bemehlten Arbeitsfläche etwa 5 mm dick ausrollen und Kreise von 5 cm Durchmesser aus dem Teig ausstechen. In die Mitte jedes Kreises etwas Orangenfruchtaufstrich geben.
- Bei jedem Teigstück den Teig von vier Seiten zu einer kleinen Pyramide hochfalten und oben und an den Kanten fest zusammendrücken, damit die Päckchen beim Backen nicht auseinander klappen.
- Die Päckchen auf die Backbleche setzen und nacheinander auf der mittleren Schiene im Backofen jeweils 15 – 20 Minuten backen. Fertig gebackene Päckchen vorsichtig von den Blechen nehmen und auf Kuchengittern abkühlen lassen.

Tipp: Besonders aromatisch schmecken die Päckchen, wenn Sie einen Fruchtaufstrich wählen, für den die ganzen Orangen – Schalen und Inneres – zu einem dicken, musartigen Aufstrich verarbeitet worden sind. Zur Abwechslung können Sie die Päckchen auch mit ähnlich hergestellten Aufstrichen aus Zitronen oder Grapefruits füllen.

Gefüllte Mandel-Ananas-Monde

Für etwa 35 Stück
100 g frische geschälte Ananas
oder ungezuckerte Ananas aus dem Glas
1 unbehandelte Zitrone
250 g Dinkelvollkornmehl, sehr fein gemahlen
100 g Vollkornhaferflocken
4 TL Weinsteinbackpulver
½ TL feines Meersalz
175 g Sonnenblumenöl
150 g Agavendicksaft
3 – 4 EL Ananassaft
3 – 4 EL Mandeln (30 g)
1 Vanilleschote
140 g Mandelmus
Mehl für die Arbeitsfläche

Verzierung
etwa 100 g getrocknete Ananas
100 g hochwertige Bitterschokoladenkuvertüre

Backpapier für zwei Backbleche

❄ Wenn Sie Ananas aus dem Glas verwenden, diese in einem Küchensieb abtropfen lassen, dabei den Ananassaft auffangen.
❄ Die Zitrone heiß abwaschen, abtrocknen und die Schale dünn abreiben. Das Mehl sorgfältig mit Haferflocken, Backpulver, Salz und der Hälfte der abgeriebenen Zitronenschale mischen.
❄ In einer großen Rührschüssel Sonnenblumenöl, Agavendicksaft und Ananassaft (aus dem Glas oder frischer Saft) verquirlen.

- Die Mehlmischung zur Ölmischung geben und alles rasch zu einem glatten Teig verkneten. Den Teig zu einer Kugel formen, in Frischhaltefolie wickeln und 2 Stunden im Kühlschrank ruhen lassen.
- Währenddessen die Ananas sehr klein schneiden und die Mandeln fein hacken. Die Vanilleschote längs aufschlitzen und das Mark herausschaben.
- Ananas, Mandeln, Vanillemark und restliche abgeriebene Zitronenschale mit dem Mandelmus verrühren.
- Zwei Backbleche mit Backpapier belegen und den Backofen auf 180 °C vorheizen.
- Den Teig portionsweise auf der leicht bemehlten Arbeitsfläche etwa 4 mm dick ausrollen und runde Plätzchen von 6 cm Durchmesser ausstechen. Jeweils etwa einen halben Teelöffel Ananas-Mandel-Mischung auf ein Plätzchen geben, den Teig zur Hälfte überklappen, sodass ein Halbmond entsteht, und am Rand gut andrücken.
- Die Halbmonde auf die Backbleche legen und nacheinander auf der mittleren Schiene im Backofen jeweils 20 – 25 Minuten backen. Fertig gebackene Monde vorsichtig von den Blechen nehmen und auf Kuchengittern abkühlen lassen.
- Für die Verzierung die getrocknete Ananas in kleine Stückchen schneiden.
- Die Kuvertüre in kleine Stückchen schneiden, in einen kleinen Gefrierbeutel geben, diesen verschließen und ins heiße, aber nicht mehr kochende Wasserbad hängen, bis die Kuvertüre geschmolzen ist.
- Jeweils ein Ananasstück mit einem kleinen Tupfen Kuvertüre auf einen Mond kleben. Mit der restlichen Kuvertüre feine Linien auf die Monde zeichnen und die Kuvertüre trocknen lassen.

Bananenplätzchen mit Nusstupfen

Für etwa 50 Stück
600 g geschälte reife Bananen
250 g Cashewnüsse
1 Vanilleschote
1 – 2 EL Orangenblütenwasser
knapp 3 EL Erdbeerfruchtaufstrich (60 g)
etwa 300 g Weizenvollkornmehl, sehr fein gemahlen
2 EL Pfeilwurzelmehl (17 g)
etwa 60 g Sonnenblumenöl
etwa 1 EL frisch gepresster Zitronensaft

Backpapier für zwei Backbleche

- Die Bananen fein pürieren oder mit einer Gabel zerdrücken.
- Die Cashewnüsse fein mahlen.
- Die Vanilleschote längs aufschlitzen und das Mark herausschaben.
- Etwa 280 g Bananenmus mit den gemahlenen Nüssen, dem Orangenblütenwasser und Erdbeerfruchtaufstrich cremig verrühren.
- Zwei Backbleche mit Backpapier belegen und den Backofen auf 175 °C vorheizen.
- Das Mehl sorgfältig mit dem Pfeilwurzelmehl mischen.
- Das restliche Bananenmus in einer großen Rührschüssel mit Öl, Vanillemark und Zitronensaft mischen. Die Mehlmischung zur Bananen-Öl-Mischung geben und alles zu einem glatten Teig verkneten. Sollte die Mischung zu feucht und klebrig sein, noch etwas Mehl dazugeben, sollte sie zu trocken sein, etwas Öl oder Zitronensaft ergänzen.

- Mit nassen Händen walnussgroße Kugeln aus dem Teig formen, die Kugeln auf die Backbleche setzen und mit einer nassen Gabel flachdrücken.
- Die Bananen-Nuss-Creme in einen Spritzbeutel mit Sterntülle füllen und als kleine Tupfen jeweils mittig auf die Plätzchen spritzen.
- Die Bananenplätzchen nacheinander auf der mittleren Schiene im Backofen jeweils etwa 15 Minuten backen. Die fertigen Plätzchen vorsichtig von den Blechen nehmen und auf Kuchengittern abkühlen lassen.

Feigentaler

Für etwa 70 Stück
125 g Weizenvollkornmehl, sehr fein gemahlen
125 g Dinkelvollkornmehl, sehr fein gemahlen
50 g Vollkornhaferflocken
100 g Vollrohrzucker, fein gemahlen und gesiebt
100 g Sesammus
100 g ungeröstetes Sesamöl
Mehl für die Arbeitsfläche

Belag
750 g getrocknete Feigen
4 EL heller Traubensaft
knapp 3 EL Pflaumenmus (60 g)
½ TL gemahlener Kardamom
½ TL gemahlene Gewürznelken
Sesamsamen zum Bestreuen

Backpapier für zwei Backbleche

❄ Die Mehle sorgfältig mit den Haferflocken und dem Zucker vermischen.
❄ Sesammus und Sesamöl in einer großen Rührschüssel mischen, die Mehlmischung dazugeben und alles rasch zu einem glatten Teig verkneten. Den Teig zu einer Kugel formen, in Frischhaltefolie wickeln und 2 Stunden im Kühlschrank ruhen lassen.

- Die Feigen für den Belag sehr fein würfeln. Feigenwürfel mit Traubensaft, Pflaumenmus und den gemahlenen Gewürzen mischen.
- Zwei Backbleche mit Backpapier belegen und den Backofen auf 175 °C vorheizen.
- Den Teig auf der leicht bemehlten Arbeitsfläche etwa 5 mm dick ausrollen und runde Taler von 4 cm Durchmesser aus dem Teig ausstechen. Die Taler auf die Backbleche legen.
- Die Feigenmischung mit zwei Teelöffeln auf den Talern verteilen, etwas flachdrücken und mit Sesam bestreuen.
- Die Taler nacheinander auf der unteren Schiene im Backofen jeweils 20 – 25 Minuten backen. Fertig gebackene Feigentaler vorsichtig von den Blechen nehmen und auf Kuchengittern abkühlen lassen.

Schnitten, Riegel, Ecken & Co.

Pecannuss-Würfel

Für etwa 40 Würfel
160 g Dinkelvollkornmehl, sehr fein gemahlen
1 EL Vollrohrzucker, fein gemahlen und gesiebt (12 g)
1 Prise feines Meersalz
70 g Sonnenblumenöl
etwa 50 g kaltes Wasser
Mehl für die Arbeitsfläche

Nussmasse
400 g Pecannüsse
1 Vanilleschote
2 ½ EL Sonnenblumenöl (40 g)
50 g Reissirup
100 g Vollrohrzucker, fein gemahlen und gesiebt
100 g Hafersahne

Backpapier für eine eckige Backform (etwa 18 × 24 cm groß) oder eine Springform (20 – 22 cm Durchmesser)

❄ In einer Rührschüssel das Mehl sorgfältig mit Zucker und Salz mischen. Öl dazugeben und alles rasch zu einem glatten Teig verkneten. Das kalte Wasser nach Bedarf unterkneten, wenn der Teig sehr trocken wird. Den Teig zu einer Kugel formen, in Frischhaltefolie wickeln und 1 Stunde im Kühlschrank ruhen lassen.

- Für die Nussmasse die Pecannüsse klein hacken.
- Die Vanilleschote längs aufschlitzen und das Mark herausschaben.
- Öl, Reissirup, Zucker und Hafersahne in einen Topf geben und zum Kochen bringen. Unter häufigem Rühren etwa 3 Minuten köcheln lassen. Pecannüsse und Vanillemark unterrühren und den Topf vom Herd nehmen.
- Die Backform mit Backpapier auslegen und den Backofen auf 175 °C vorheizen.
- Den Teig auf wenig Mehl so groß wie die Form ausrollen, in die Form legen und mehrmals mit einer Gabel einstechen.
- Den Teig auf der mittleren Schiene im Backofen 20 – 25 Minuten vorbacken. Form aus dem Ofen nehmen, die Nussmasse mit einem Löffel gleichmäßig auf dem Teig verstreichen und etwa 10 weitere Minuten backen.
- Fertig gebackenen Kuchen aus dem Ofen nehmen, kurz abdampfen lassen, aus der Form nehmen und auf einem Kuchengitter etwas abkühlen lassen. Kuchen mit einem Sägemesser, zum Beispiel einem Brotmesser, in 3 – 4 cm große Würfel schneiden und ganz abkühlen lassen.

Walnuss-Zimt-Riegel

Anzahl je nach Größe der Riegel unterschiedlich
1 unbehandelte Zitrone
250 g Walnüsse
500 g Agavendicksaft
250 g Mandelmus
110 – 120 g Hafersahne
100 – 200 g Wasser
4 TL gemahlener Zimt
400 g Weizenvollkornmehl, sehr fein gemahlen
350 g Hirsemehl, sehr fein gemahlen

Sonnenblumenöl für ein Backblech

- Die Zitrone heiß abwaschen, abtrocknen und die Schale dünn abreiben. Zitrone anschließend auspressen.
- Die Walnüsse fein mahlen.
- In einer großen Rührschüssel Agavendicksaft mit Mandelmus, Hafersahne, Wasser, 4 TL Zitronensaft, der abgeriebenen Zitronenschale und dem Zimt verquirlen.
- Die Mehle sorgfältig mit den gemahlenen Walnüssen mischen, nach und nach zur Mandelmus-Dicksaft-Mischung geben und einarbeiten. Teig zugedeckt bei Zimmertemperatur **über Nacht** quellen lassen.
- Den Backofen auf 175 °C vorheizen und ein Backblech mit Öl bestreichen.

❄ Den Teig auf das Backblech geben und mit einem nassen Löffel glatt verstreichen. Dabei den Löffel immer wieder ins Wasser tauchen.
❄ Teigplatte auf der mittleren Schiene im Backofen etwa 45 Minuten backen. Sofort nach dem Backen in Quadrate oder Streifen schneiden, vorsichtig vom Blech heben und auf Kuchengittern auskühlen lassen.

Bananenschnitten

Anzahl je nach Größe der Schnitten unterschiedlich
80 g getrocknete Aprikosen
80 g getrocknete Bananen
80 g Haselnüsse
etwa 350 g geschälte reife Bananen
200 g Dinkelvollkornmehl, sehr fein gemahlen
4 TL Weinsteinbackpulver
1 TL gemahlener Zimt
¼ TL gemahlene Gewürznelken
1 Prise feines Meersalz
80 g Agavendicksaft
etwa 180 g Reisdrink

Glasur
ungesalzene Pistazien zum Bestreuen
Pinienkerne zum Bestreuen
Agavendicksaft zum Bestreichen

Backpapier für ein Backblech

- ❄ Die getrockneten Aprikosen und Bananen in kleine Stückchen schneiden. Die Haselnüsse grob hacken. Die Bananen mit einer Gabel fein zerdrücken.
- ❄ In einer großen Rührschüssel das Mehl sorgfältig mit dem Backpulver, den gemahlenen Gewürzen und dem Salz vermischen. Getrocknete Aprikosen und Bananen, Haselnüsse, zerdrückte Bananen, Agavendicksaft und Reisdrink dazugeben, alles zu einem Teig vermengen und etwa 1 Stunde bei Zimmertemperatur quellen lassen. Wenn die Masse zu trocken ist, noch mehr Reisdrink unterrühren.

❄ Ein Backblech mit Backpapier belegen und den Backofen auf 180 °C vorheizen. Den Teig auf das Backblech geben und gleichmäßig verstreichen.
❄ Den Kuchen auf der mittleren Schiene im Backofen 20 – 25 Minuten backen. Fertig gebackenen Kuchen aus dem Ofen nehmen und auf dem Backblech abkühlen lassen.
❄ Für die Glasur Pistazien und Pinienkerne fein hacken. Den Kuchen dünn mit Agavendicksaft einpinseln, mit den Pistazien und Pinienkernen bestreuen, in Riegel schneiden und zwei bis drei Tage in einer Gebäckdose durchziehen lassen. Dann schmecken die Schnitten erst richtig gut.

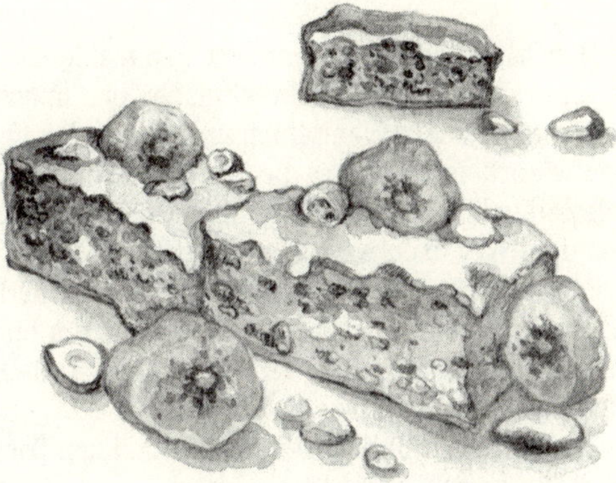

Feigen-Hanf-Riegel

Anzahl je nach Größe der Riegel unterschiedlich

Feigenmasse
100 g Hanfsamen
500 g getrocknete Feigen
etwa ½ l Apfelsaft

300 g Weizenvollkornmehl, sehr fein gemahlen
300 g Vollkornhaferflocken
90 g Vollrohrzucker, fein gemahlen und gesiebt
4 EL Sesamsamen (35 g)
200 g Sonnenblumenöl
2 ½ EL Hanföl (40 g)
4 ½ – 5 EL Hanfsamen (40 g)
Mehl für die Arbeitsfläche
nach Belieben Hanfsamen oder Sesamsamen zum Bestreuen

Backpapier für ein Backblech

- Die Hanfsamen für die Feigenmasse fein mahlen.
- Die getrockneten Feigen klein schneiden und in einem Topf mit den gemahlenen Hanfsamen und dem Apfelsaft auf kleiner Flamme köcheln lassen, bis die Feigen weich sind, dabei nicht vergessen umzurühren. Falls nötig, noch Apfelsaft hinzufügen. Nach dem Weichkochen abkühlen lassen.
- In einer Rührschüssel das Mehl sorgfältig mit Haferflocken, Zucker und Sesam mischen. Die Öle dazugeben und alles rasch zu einem glatten Teig verkneten. Zuletzt die Hanfsamen unterkneten.
- Ein Backblech mit Backpapier belegen und den Backofen auf 180 °C vorheizen.

- Den Teig in zwei gleich große Stücke teilen. Das eine Teigstück auf der leicht bemehlten Arbeitsfläche so groß wie das Backblech ausrollen und auf das Backblech legen.
- Die Feigenmasse auf der Teigplatte verteilen, die Masse sollte nur noch lauwarm sein. Den Rest des Teiges in Flöckchen locker auf der Masse verteilen und leicht andrücken. Eventuell noch ein paar Samen darüberstreuen.
- Den Kuchen auf der mittleren Schiene im Backofen 40 – 50 Minuten backen. Fertig gebackenen Kuchen aus dem Ofen nehmen, etwas abkühlen lassen und noch lauwarm in Riegel schneiden.

Tipp: Hanfsamen erhalten Sie zum Beispiel im Fachhandel für Hanfprodukte oder im gut sortierten Naturkostladen.

Ingwerecken

Für etwa 60 Stück
200 g Haselnüsse
250 g hochwertige Bitterschokoladenkuvertüre
180 g kandierter Ingwer
250 g Dinkelvollkornmehl, sehr fein gemahlen
3 TL Weinsteinbackpulver
200 g Vollrohrzucker, fein gemahlen und gesiebt
200 g Seidentofu
100 g ungeröstetes Sesamöl
200 g Rosinen

Guss
200 g hochwertige Bitterschokoladenkuvertüre

Backpapier für ein Backblech

- Die Haselnüsse fein mahlen und die Kuvertüre reiben oder mit einem Messer in dünne Schokoladenlocken schneiden.
- Den Ingwer in kleine Stückchen schneiden und 50 g Ingwer für die Verzierung beiseite legen.
- Das Mehl sorgfältig mit Backpulver, gemahlenen Haselnüssen, Zucker und Schokoladenlocken mischen.
- Ein Backblech mit Backpapier belegen und den Backofen auf 175 °C vorheizen.
- In einer großen Rührschüssel den Tofu mit dem Öl cremig rühren. Die Mehlmischung dazugeben und gut verrühren. Zuletzt den kandierten Ingwer und die Rosinen einarbeiten.
- Den Teig auf das Backblech geben, glatt verstreichen und auf der mittleren Schiene im Backofen 25 – 30 Minuten backen.

- Fertig gebackenen Kuchen aus dem Ofen nehmen, noch warm in etwa 3 cm große Dreiecke schneiden und auf Kuchengittern abkühlen lassen.
- Die Kuvertüre für den Guss in kleine Stückchen schneiden und im heißen, aber nicht mehr kochenden Wasserbad schmelzen. Die Dreiecke mit der Kuvertüre einpinseln, mit den beiseite gelegten Ingwerstückchen belegen und trocknen lassen.

Tipp: Die Ecken schmecken auch wunderbar mit einem Guss aus Puderzucker und Zitronensaft.

Pistazienkugeln

Für etwa 56 Kugeln
150 g ungesalzene Pistazien
100 g Mandeln
250 g Vollrohrzucker, fein gemahlen und gesiebt
50 g Marzipanrohmasse
etwa 100 g Apfelmus
2 TL frisch abgeriebene Zitronenschale
1 ½ – 2 EL Weizenvollkornmehl, sehr fein gemahlen (20 g)

Verzierung
Hafersahne zum Bepinseln
etwa 60 g ungesalzene Pistazien

Backpapier für zwei Backbleche

- Die Pistazien und Mandeln fein mahlen. Beides mit dem Zucker mischen und diese Mischung nochmals durch die Nussmühle drehen.
- Das Marzipan sehr fein reiben und in einer großen Rührschüssel mit dem Apfelmus, Pistazien-Mandel-Gemisch, abgeriebener Zitronenschale und Mehl mischen. Alles zu einem geschmeidigen Teig verkneten.
- Zwei Backbleche mit Backpapier belegen.

- Den Teig in zwei gleich große Stücke teilen, jedes Teigstück zu einer etwa 40 cm langen Rolle formen und jede Rolle in etwa 1,4 cm breite Stücke schneiden. Jedes Teigstückchen zu einer ovalen Kugel formen und die Kugeln auf die Backbleche setzen.
- Die Kugeln mit wenig Hafersahne einpinseln, in jede Kugel seitlich drei Pistazien drücken und die Kugeln **über Nacht** kühl stellen.
- Den Backofen auf 140 °C vorheizen. Die Pistazienkugeln nacheinander auf der zweiten Schiene von unten im Backofen jeweils 25 – 35 Minuten backen. Fertig gebackene Kugeln aus dem Ofen nehmen und auf Kuchengittern abkühlen lassen.

Ingwersterne

Für etwa 60 Stück
500 g Mandeln
100 g kandierter Ingwer
200 g Marzipanrohmasse
150 g Vollrohrzucker, fein gemahlen und gesiebt
1 Prise feines Meersalz
etwa 2 EL Apfelmus (40 g)

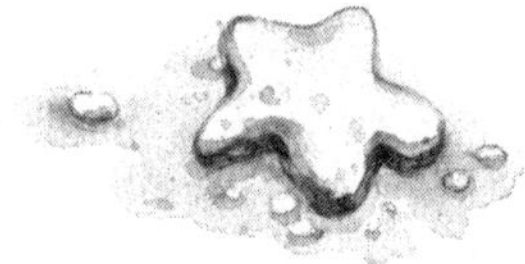

Verzierung
100 g pudriger Roh-Rohrzucker
etwa 1 EL frisch gepresster Zitronensaft

Backpapier für zwei Backbleche und zum Ausrollen

❄ Die Mandeln in heißes Wasser legen, bis sich die Mandelhäutchen aufplustern. Dann die Mandeln aus den Häutchen drücken und auf einem Küchentuch **über Nacht** trocknen lassen. Mandeln anschließend fein mahlen.

❄ Den kandierten Ingwer fein schneiden und das Marzipan fein reiben.

❄ In einer großen Rührschüssel gemahlene Mandeln, Zucker, Salz, Ingwer, Marzipan und Apfelmus zu einem Teig vermengen. Den Teig portionsweise zwischen zwei Lagen Backpapier etwa 1 cm dick ausrollen, die Teigportionen in Frischhaltefolie wickeln und etwa 1 Stunde in den Kühlschrank, noch besser in das Gefriergerät, legen, denn am besten lässt sich der Teig weiterverarbeiten, wenn er leicht angefroren ist.

❄ Zwei Backbleche mit Backpapier belegen und den Backofen auf 180 °C vorheizen.

- Mit Sternausstechern Plätzchen aus dem Teig ausstechen und diese auf die Backbleche setzen.
- Die Plätzchen nacheinander auf der zweiten Schiene von unten im Backofen jeweils 12 – 15 Minuten goldbraun backen. Fertig gebackene Ingwersterne aus dem Ofen nehmen und auf Kuchengittern abkühlen lassen.
- Für die Verzierung Puderzucker und Zitronensaft zu einem dicken Guss verrühren. Den Guss in einen Spritzbeutel mit kleiner Tülle geben und die Plätzchen damit verzieren. Den Guss fest werden lassen.

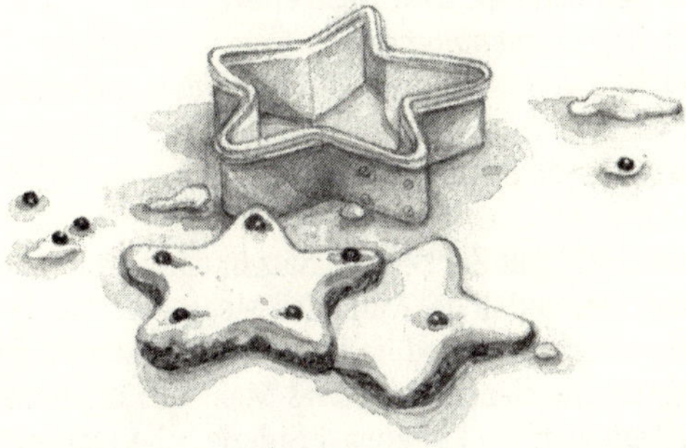

Stollenkonfekt

Für etwa 64 Stück
750 g Dinkelvollkornmehl, sehr fein gemahlen
100 g Vollrohrzucker, fein gemahlen und gesiebt
½ TL feines Meersalz
1 Würfel frische Hefe (42 g)
280 g lauwarmer Reisdrink
250 g Rosinen
warmes Wasser zum Einweichen der Rosinen
50 g Orangeat
100 g Mandeln
1 unbehandelte Zitrone
1 Vanilleschote
150 g getrocknete Cranberrys
1 TL gemahlener Zimt
½ TL gemahlener Kardamom
½ TL gemahlener Mazis
150 g Sonnenblumenöl
120 g Apfelmus
Mehl für die Arbeitsfläche

Zum Bestreichen und Bestreuen
etwa 50 g Sonnenblumenöl
etwa 50 g Vollrohrzucker, fein gemahlen und gesiebt

Backpapier für zwei Backbleche

❄ Das Mehl mit Zucker und Salz in einer großen Rührschüssel mischen und in die Mitte des Mehls eine Mulde drücken. Die Hefe zerbröseln und im Reisdrink auflösen. Hefemilch in die Vertiefung gießen, mit etwas Mehl verrühren und zugedeckt an einem warmen Ort etwa 1 Stunde gehen lassen.

- Die Rosinen mit Wasser bedeckt etwas quellen lassen.
- Orangeat fein hacken und Mandeln fein mahlen.
- Die Zitrone heiß abwaschen, abtrocknen und die Schale dünn abreiben.
- Die Vanilleschote längs aufschlitzen und das Mark herausschaben.
- Orangeat, Cranberrys, gemahlene Mandeln, Vanillemark, abgeriebene Zitronenschale und die gemahlenen Gewürze mischen.
- Den Hefeansatz mit dem restlichen Mehl, Öl und Apfelmus verrühren. Alles auf der leicht bemehlten Arbeitsfläche zu einem geschmeidigen Teig verkneten. Den Teig zugedeckt an einem warmen Ort nochmals etwa 1 Stunde gehen lassen.
- Die Rosinen abtropfen lassen und zur Frucht-Mandel-Mischung geben. Den Teig auf der bemehlten Arbeitsfläche nochmals durchkneten, etwas flachdrücken, die Fruchtmischung darauf verteilen und unterkneten.
- Zwei Backbleche mit Backpapier belegen.
- Den Teig zu einer etwa 48 cm langen Rolle formen. Die Rolle in etwa 1,5 cm breite Stücke schneiden und jedes Stück halbieren. Die Teigstücke oval formen, auf die Backbleche legen und zugedeckt 30 Minuten gehen lassen.
- Den Backofen auf 180 °C vorheizen.
- Das Stollenkonfekt nacheinander auf der mittleren Schiene im Backofen jeweils 30 – 40 Minuten hellbraun backen. Fertig gebackenes Konfekt aus dem Ofen nehmen und auf Kuchengitter legen.
- Jeweils mit etwas Öl bepinseln, Zucker über die Stücke sieben und vollständig abkühlen lassen.

Punschküsschen

Für etwa 50 Stück

Punsch
1 unbehandelte Orange
250 g Holunderbeersaft

4 – 5 EL Haselnüsse (40 g)
40 g hochwertige Bitterschokolade
1 Vanilleschote
220 g Dinkelvollkornmehl, sehr fein gemahlen
3 TL Weinsteinbackpulver
4 ½ EL Kakaopulver (30 g)
½ TL gemahlener Zimt
½ TL gemahlener Kardamom
¼ TL gemahlene Gewürznelken
¼ TL gemahlener Ingwer
¼ TL gemahlener Sternanis
100 g Vollrohrzucker, fein gemahlen und gesiebt
etwa 125 g Nougat
80 g Sonnenblumenöl
etwa 120 g Apfelmus
Kakaopulver zum Bestäuben

etwa 50 Papierförmchen (3 – 4 cm Durchmesser)

❄ Die Orange für den Punsch heiß abwaschen, abtrocknen und die Schale abreiben. Orange anschließend auspressen. Holunderbeersaft, Orangensaft und Orangenschale in einen Topf geben und etwa 15 Minuten um die Hälfte einkochen lassen. Saft durch ein Sieb gießen und abkühlen lassen.

- Ein oder zwei Backbleche mit etwa 50 kleinen Papierförmchen bestücken.
- Die Haselnüsse fein hacken und die Schokolade mit einem Messer in dünne Schokoladenlocken schneiden.
- Die Vanilleschote längs aufschlitzen und das Mark herausschaben.
- Mehl sorgfältig mit Backpulver, Kakaopulver, den gemahlen Gewürzen, Vanillemark, gehackten Haselnüssen, Schokoladenlocken und Zucker vermischen.
- Den gut gekühlten Nougat in etwa 50 kleine Stückchen schneiden.
- Den Backofen auf 190 – 200 °C vorheizen.
- In einer großen Rührschüssel das Öl mit dem Apfelmus verquirlen. Nach und nach abwechselnd die Mehlmischung und den Punsch zur Apfelmusmischung geben und alles gründlich zu einem weichen Teig verrühren.
- Den Teig in einen Spritzbeutel mit mittelgroßer glatter Tülle füllen. In jedes Papierförmchen einen kleinen Tupfen Teig spritzen und ein Stück Nougat hineindrücken. Mit einem weiteren Tupfen Teig bedecken.
- Die Punschküsschen auf der mittleren Schiene im Backofen 12 – 15 Minuten backen. Fertig gebackene Küsschen aus dem Ofen nehmen und auf Kuchengittern abkühlen lassen.
- Küsschen mit Kakao bestäuben.

Sonnenküsse

Für etwa 50 Stück
etwa 600 g Sonnenblumenkerne
1 mittelgroße Möhre
200 g Vollrohrzucker, fein gemahlen und gesiebt
3 EL Agavendicksaft
60 – 80 g Apfelmus
1 ½ – 2 EL Weizenvollkornmehl, sehr fein gemahlen (20 g)

etwa 50 Backoblaten (etwa 5 cm Durchmesser)

- Sonnenblumenkerne fein hacken. Die Möhre putzen und fein reiben.
- Die Oblaten auf zwei Backbleche verteilen und den Backofen auf 190 °C vorheizen.
- Möhrenraspel mit 400 g Sonnenblumenkernen, Zucker, Agavendicksaft, Apfelmus und Mehl in einen Topf geben. Bei milder Hitze unter Rühren erwärmen, bis sich die Zutaten miteinander verbunden haben. Topf vom Herd nehmen.
- Die Masse portionsweise in einen Spritzbeutel mit großer Tülle geben und Häufchen von etwa 5 cm Durchmesser auf die Oblaten spritzen. Oder die Masse mit Hilfe von zwei Teelöffeln portionsweise auf die Oblaten setzen.
- Die Häufchen reichlich mit den restlichen Sonnenblumenkernen bestreuen.
- Die Sonnenküsse nacheinander auf der mittleren Schiene im Backofen jeweils etwa 18 Minuten backen. Fertig gebackene Küsse aus dem Ofen nehmen und auf Kuchengittern abkühlen lassen.

Tipp: Verwenden Sie statt Sonnenblumenkerne fein gehackte Walnüsse und tauchen Sie die fertig gebackenen, abgekühlten Küsse in geschmolzene Schokolade, die Sie mit einem Gewürz Ihrer Wahl aromatisieren. Dann auf Backpapier trocknen lassen.

Pistazienhalbmonde

Für etwa 50 Stück
60 g ungesalzene Pistazien
400 g Marzipanrohmasse
200 g hochwertige Bitterschokoladenkuvertüre

Backpapier zum Ausrollen

- Die Pistazien fein hacken.
- Das Marzipan zwischen zwei Lagen Backpapier etwa 8 mm dick ausrollen. Die gehackten Pistazien auf die Marzipanplatte streuen und mit dem Teigroller eindrücken. Mit einer kleinen Ausstechform Halbmonde aus dem Marzipan ausstechen.
- Die Kuvertüre in kleine Stückchen schneiden und im heißen, aber nicht mehr kochenden Wasserbad schmelzen.
- Die Halbmonde jeweils auf eine Gabel legen, in die flüssige Kuvertüre tauchen und auf Backpapier trocknen lassen.

Sesamkonfekt

Anzahl je nach Größe der Stücke unterschiedlich

1 Vanilleschote
50 g Walnüsse
150 g Reissirup
150 g Vollrohrzucker, fein gemahlen und gesiebt
1 Prise feines Meersalz
100 g Wasser
200 g Sesamsamen

ungeröstetes Sesamöl für eine Auflaufform (etwa 20 × 15 cm groß), den Löffel und das Messer
Backpapier für die Auflaufform

- Die Vanilleschote längs aufschlitzen und das Mark herausschaben.
- Die Walnüsse fein hacken.
- Den Reissirup mit Zucker, Salz und Wasser in einem Topf bei schwacher Hitze etwa 10 Minuten köcheln lassen.
- Die Auflaufform mit Backpapier auslegen und das Papier dünn mit Öl bestreichen.
- Die gehackten Walnüsse, das Vanillemark und den Sesam in den Sirup rühren und bei schwacher Hitze etwa 5 weitere Minuten köcheln lassen. Dabei ständig rühren, damit die Masse nicht ansetzt.
- Die Masse mit einem in Öl getauchten Löffel in die Form geben und glatt verstreichen.
- Die Schneide eines Messers einölen und damit die Bruchkanten für die einzelnen Stücke in der gewünschten Größe in das Konfekt drücken.
- Das Sesamkonfekt mindestens **4 Stunden** trocknen lassen.
- An den Einschnittstellen in Stücke brechen.

Quittenkonfekt

Anzahl je nach Größe der Stücke unterschiedlich
1 kg reife Quitten
1 unbehandelte Zitrone
Vollrohrzucker nach Bedarf

Backpapier für die Arbeitsfläche

- Die Quitten mit einem Tuch abreiben, klein schneiden und in wenig Wasser weich kochen, dann durch die »Flotte Lotte« drehen oder durch ein Sieb streichen.
- Die Zitrone heiß abwaschen und den Saft der Zitrone auspressen.
- Das Quittenmus abwiegen und in einem Topf mit derselben Menge Zucker und dem Zitronensaft langsam bei geringer Hitze sehr dick einkochen lassen.
- Die Quittenpaste 1,5 cm dick in einer Auflaufform aus Porzellan oder Glas oder auf einer tiefen Kuchenplatte glatt verstreichen und **1 – 2 Wochen** nicht luftdicht verpackt bei Zimmertemperatur trocknen lassen.
- Die Arbeitsfläche mit Backpapier belegen, die Fruchtplatte auf das Backpapier stürzen und in Quadrate oder Rauten schneiden oder mit Ausstechformen ausstechen. Noch einmal so lange trocknen lassen, bis die Stückchen nicht mehr klebrig sind.

Kastanienkugeln

Anzahl je nach Größe der Kugeln unterschiedlich
500 g Esskastanien
50 g Mandeln
50 g hochwertige Bitterschokolade
etwa 1 EL Orangeat (10 – 15 g)
etwa 1 EL Zitronat (10 – 15 g)
2 ½ EL Walnussöl, Haselnussöl oder Sonnenblumenöl (40 g)
50 g Vollrohrzucker, fein gemahlen und gesiebt
1 – 2 EL Wasser
Kakaopulver zum Wälzen

❄ Backofen auf 200 °C vorheizen und ein Schüsselchen mit Wasser zum Verdampfen hineinstellen.
❄ Die Schalen der Kastanien einschneiden, Kastanien auf ein Backblech legen und 25 – 35 Minuten backen, bis sich die Schalen halb geöffnet haben und sich gut abschälen lassen.
❄ Kastanien schälen, dabei auch die braunen Innenhäute abziehen, und im Mixer pürieren.
❄ Mandeln fein mahlen, Schokolade fein reiben sowie Orangeat und Zitronat sehr fein schneiden.
❄ Das Öl in einem Topf auf mittlere Temperatur bringen, Mandeln, Schokolade, Zucker, Orangeat, Zitronat und Kastanienpüree zum Öl geben. Die Mischung bei mäßiger Hitze gut verrühren, bis sich alle Zutaten verbunden haben.
❄ Die Masse vom Herd nehmen, abkühlen lassen und Wasser unterrühren. Kugeln aus der Masse formen – kastaniengroß, größer oder kleiner.
❄ Kakaopulver zum Wälzen in eine kleine Schüssel sieben und die Kugeln im Kakaopulver wälzen. Kugeln auf Backpapier trocknen lassen.

Aprikosen-Walnuss-Kugeln

Anzahl je nach Größe der Kugeln unterschiedlich
250 g getrocknete Aprikosen
warmes Wasser zum Einweichen der Aprikosen
190 g Walnüsse
100 g Vollkornhaferflocken
1 unbehandelte Zitrone
80 g Agavendicksaft
70 g Mandelmus
¼ TL gemahlener Ingwer
¼ TL gemahlene Gewürznelken
¼ TL gemahlener Mazis

❄ Die getrockneten Aprikosen 3 – 4 Stunden im warmen Wasser einweichen.
❄ Weiche Aprikosen abtropfen lassen, klein schneiden und pürieren.
❄ Die Walnüsse fein mahlen und vier Esslöffel davon für die Verzierung beiseite stellen.
❄ Die restlichen gemahlenen Walnüsse mit den Haferflocken in einer trockenen Pfanne unter Rühren kurz rösten, bis die Mischung duftet. Dann die Mischung aus der Pfanne nehmen.
❄ Die Zitrone heiß abwaschen, abtrocknen und die Schale abreiben. Zitrone anschließend auspressen.
❄ In einer Rührschüssel Agavendicksaft mit Zitronensaft, Nussmus, der abgeriebenen Zitronenschale und den gemahlenen Gewürzen vermischen. Die pürierten Aprikosen und die Walnuss-Haferflocken-Mischung dazugeben und alles gründlich verkneten.
❄ Aus der Masse kleine Kugeln rollen und in den beiseite gestellten Walnüssen wälzen.
❄ Die Kugeln **einige Tage** an der Luft trocknen lassen.

Schokoladenkugeln

Für etwa 50 Kugeln
200 g einfache Mürbeteigkekse
50 g Haselnussmus
60 g Himbeersirup
1 EL Himbeerfruchtaufstrich
100 g hochwertige Bitterschokolade
100 g Schokoladenstreusel

❄ Die Kekse fein reiben oder im Mörser oder in der Küchenmaschine fein mahlen.

❄ In einer Rührschüssel Haselnussmus mit Sirup und Fruchtaufstrich verrühren. Die Kekskrümel dazugeben und untermischen.

❄ 60 g Schokolade in kleine Stückchen schneiden und im heißen, aber nicht mehr kochenden Wasserbad schmelzen. Die flüssige Schokolade zur Keksmasse geben und alles gut vermischen.

❄ Den Teig zu einer Rolle von etwa 2 cm Durchmesser formen und in etwa 50 gleich große Stücke schneiden. Jedes Stück zu einer Kugel rollen.

❄ Die Schokoladenstreusel in ein kleines Schüsselchen geben. Die restliche Schokolade in kleine Stückchen schneiden und im Wasserbad schmelzen.

❄ Jeweils etwas flüssige Schokolade auf die Handfläche träufeln und jede Kugel zwischen den Händen rollend damit einreiben. Die Kugeln in den Schokoladenstreuseln wälzen, solange die Schokolade auf den Kugeln noch weich ist. Zum Trocknen auf Kuchengitter legen.

Mango-Schokoladen-Kugeln

Anzahl je nach Größe der Kugeln unterschiedlich
150 g getrocknete Mangos
4 EL Mangosaft
100 g hochwertige Bitterschokolade
200 g Marzipanrohmasse
2 EL Mandelmus
getrocknete Kokosraspel zum Wälzen

- Die getrockneten Mangos sehr klein schneiden, mit dem Mangosaft mischen und etwa 3 Stunden (oder auch länger, je nachdem, wie hart die Mangos sind) einweichen.
- Die Schokolade in kleine Stückchen schneiden, im heißen, aber nicht mehr kochenden Wasserbad schmelzen und etwas abkühlen lassen.
- Das Marzipan in kleine Stückchen schneiden und in einer Rührschüssel mit der Mangomischung, dem Mandelmus und der geschmolzenen Schokolade zu einer geschmeidigen Masse verkneten.
- Die getrockneten Kokosraspel in ein tiefes Schälchen füllen.
- Mit nassen Händen kleine Kugeln aus der Masse rollen und die Kugeln in den Kokosraspeln wälzen.

Tipp: Wählen Sie ungeschwefelte Trockenfrüchte und bei Tropenfrüchten zusätzlich ungezuckerte Sorten.

Kokos-Dattel-Kugeln

Für etwa 35 Kugeln
200 g frische Kokosnuss
200 g frische Datteln ohne Steine
1 EL Mandelmus
1 – 2 EL frisch gepresster Zitronensaft
3 – 4 EL Wasser
getrocknete Kokosraspel zum Wälzen

etwa 35 Papierförmchen (2 cm Durchmesser)

- Die Kokosnuss auf der Gemüsereibe fein reiben.
- Die Datteln in winzige Stückchen schneiden und in einer Schüssel zusätzlich etwas zerdrücken. Die geriebene Kokosnuss, Mandelmus, Zitronensaft und Wasser zu den Datteln geben und alles geschmeidig verkneten. Eventuell noch etwas Wasser dazugeben.
- Eine flache Kuchenplatte mit den Papierförmchen bestücken und die getrockneten Kokosraspel in ein tiefes Schüsselchen füllen.
- Mit nassen Händen walnussgroße Kugeln aus der Masse formen, in den Kokosraspeln wälzen und in die Förmchen setzen. Im Kühlschrank aufbewahren.

Stollen, Striezel, Weihnachtsbrot & Co.

Haselnussstollen

Für 2 kleinere Stollen
100 g Haselnüsse
1 unbehandelte Zitrone
900 g Dinkelvollkornmehl, sehr fein gemahlen
etwa 1 ½ Würfel frische Hefe (60 g)
etwa 390 g lauwarmer Reisdrink
150 g Agavendicksaft
200 g Sonnenblumenöl
Mehl für die Arbeitsfläche

Füllung und Belag
250 g Haselnüsse
1 unbehandelte Zitrone
200 g Rosinen
1 TL gemahlener Zimt
1 TL gemahlener Koriander
½ TL gemahlener Kardamom
½ TL gemahlener Piment
Sonnenblumenöl, Haselnussöl oder Walnussöl zum Bestreichen

Sonnenblumenöl für ein Backblech oder zwei Stollenbackformen

- Die Haselnüsse fein mahlen. Die Zitrone heiß abwaschen, abtrocknen und die Schale abreiben.
- In einer großen Rührschüssel das Mehl sorgfältig mit den gemahlenen Haselnüssen und der abgeriebenen Zitronenschale mischen. In die Mitte des Mehls eine Mulde drücken.

- Die Hefe zerbröseln, im lauwarmen Reisdrink auflösen und mit Agavendicksaft und Öl in die Mehlmulde geben. Alles gründlich zu einem glatten, weichen Teig verkneten. Der Teig sollte sich gut vom Schüsselrand lösen und nicht mehr kleben. Den Teig zu einer Kugel formen und zugedeckt **über Nacht** im Kühlschrank ruhen lassen.
- Ein Backblech oder zwei Stollenbackformen mit Öl auspinseln.
- Die Haselnüsse für die Füllung hacken und in einer trockenen Pfanne unter Rühren sanft rösten, bis sie duften. Dann aus der Pfanne nehmen.
- Die Zitrone heiß abwaschen, abtrocknen und die Schale abreiben.
- Die Rosinen mit 200 g gehackten Haselnüssen, den gemahlenen Gewürzen und der abgeriebenen Zitronenschale mischen.
- Den Teig auf der leicht bemehlten Arbeitsfläche kurz durchkneten und in zwei gleich große Stücke teilen. Jedes Stück etwa fingerdick zu einem Rechteck ausrollen und die Füllung gleichmäßig darauf verteilen, dabei einen etwa 2 cm breiten Rand freilassen. Anschließend die Teigfladen wie Strudel aufrollen. Die Stollen entweder auf das Backblech legen oder in die Stollenformen drücken und diese kopfüber auf das Blech legen.
- Das Blech auf der untersten Schiene in den kalten Backofen schieben und die Stollen bei 180 °C etwa 75 Minuten backen. Die Stollenformen etwa 15 Minuten vor Ende der Backzeit abnehmen, damit die Stollenoberflächen noch leicht braun werden.
- Die fertig gebackenen Stollen aus dem Ofen nehmen, auf Kuchengitter legen, sofort mit etwas Öl einpinseln und mit den restlichen gerösteten Haselnüssen bestreuen. Die Stollen vor dem Verzehr mindestens **einen Tag** durchziehen lassen.

Apfelbrot

Für 2 Kastenbrote
etwa 900 g Äpfel
200 g Agavendicksaft
250 g Rosinen
200 g Mandeln
125 g Walnüsse
500 g Weizenvollkornmehl, sehr fein gemahlen
1 Päckchen plus 4 TL Weinsteinbackpulver
1 EL Kakaopulver (7 g)
1 EL gemahlener Zimt
½ TL gemahlene Gewürznelken
1 gute Prise feines Meersalz

Sonnenblumenöl für zwei Kastenbackformen
(jeweils etwa 28 cm lang)
Semmelbrösel für die Kastenbackformen

- ❄ Die Äpfel vierteln, Kerngehäuse entfernen und die Äpfel raspeln. Die Apfelmasse sollte etwa 750 g wiegen. Den Agavendicksaft und die Rosinen in die Apfelmasse rühren und das Ganze zugedeckt **über Nacht** durchziehen lassen.
- ❄ Die Mandeln in heißes Wasser legen, bis sich die Mandelhäutchen aufplustern. Dann die Mandeln aus den Häutchen drücken und auf einem Küchentuch trocknen lassen.
- ❄ Einige Mandeln zum Verzieren beiseite legen. Die restlichen Mandeln und die Walnüsse zerkleinern.
- ❄ Zwei Kastenbackformen mit Öl auspinseln und mit Semmelbröseln ausstreuen.

- Das Mehl sorgfältig mit dem Backpulver, dem Kakaopulver, den gemahlenen Gewürzen und dem Salz mischen. Die zerkleinerten Mandeln und Walnüsse zur Mehlmischung geben und untermischen.
- Die Mehlmischung in die vorbereitete Apfelmasse rühren, zum Schluss mit nassen Händen kurz durchkneten und den Teig in zwei gleich große Hälften teilen.
- Die Teigportionen in die Kastenformen legen, mit einem nassen Löffel glattstreichen und mit den beiseite gelegten Mandeln verzieren, diese dabei fest in den Teig drücken.
- Die Brote auf der zweiten Schiene von oben in den kalten Backofen schieben, den Ofen auf 180 °C einstellen und die Brote etwa 60 Minuten backen. Fertig gebackene Brote aus dem Ofen nehmen, einige Minuten in den Formen abdampfen lassen, aus den Formen nehmen und auf Kuchengittern abkühlen lassen.

Karibisches Weihnachtsbrot mit Bananen

Für ein Kastenbrot
3 Vanilleschoten
100 g Cashewnüsse
etwa 450 g geschälte sehr reife Bananen (am besten mit schon schwarzer Schale)
3 ½ EL Rosinen (40 g)
300 g Dinkelvollkornmehl, sehr fein gemahlen
1 EL Weinsteinbackpulver
1 gute Prise feines Meersalz
½ TL frisch geriebene Muskatnuss
120 g Kokosöl
100 g Vollrohrzucker, fein gemahlen und gesiebt

Kokosöl für eine Kastenbackform (etwa 22 cm lang)
Semmelbrösel für die Kastenbackform

- ❄ Die Vanilleschoten längs aufschlitzen und das Mark herausschaben.
- ❄ Die Cashewnüsse klein hacken.
- ❄ Die Bananen mit einer Gabel fein zerdrücken.
- ❄ Eine Kastenbackform mit Kokosöl ausfetten und mit Semmelbröseln ausstreuen. Den Backofen auf 180 °C vorheizen.
- ❄ Die Cashewnüsse mit den Rosinen und 1 EL Mehl mischen.
- ❄ Das restliche Mehl sorgfältig mit Backpulver, Salz und Muskat mischen.

❄ Das Kokosöl, falls notwendig, leicht erwärmen, damit es weich wird, und in einer großen Rührschüssel mit dem Zucker und dem Vanillemark luftig aufschlagen.
❄ Zerdrückte Bananen und Mehlmischung löffelweise unter die Kokosöl-Zucker-Mischung rühren. Zum Schluss die Rosinen-Nuss-Mischung unterheben. Die Masse in die Form füllen.
❄ Das Brot auf der mittleren Schiene im Backofen etwa 50 Minuten backen. Fertig gebackenes Brot aus dem Ofen nehmen, einige Minuten in der Form abdampfen lassen, aus der Form nehmen und auf einem Kuchengitter abkühlen lassen.

Tipp: Vanilleschoten sind die geschlossenen, nicht ausgereiften, fermentierten Kapselfrüchte oder Schoten einer tropischen Orchidee, die als aromagebende Substanz unter anderem das Vanillin enthalten. In geschlossenen Behältnissen scheiden sich mitunter Teile des Vanillins als seidenhaarartige, feine Kristallnadeln ab, welche die Schoten dann überziehen. Beste Schoten sind weich, glänzend, lang, dünnschalig und enthalten viele Samen. Bourbonvanille und mexikanische Vanille gelten als höchste Qualität. Bewahren Sie Vanilleschoten stets gut verschlossen, jedoch nicht zu lange auf.
Wenn Sie statt Vanilleschoten lieber gemahlene Vanille aus dem Glas verwenden möchten, rechnen Sie pro Vanilleschote etwa einen halben Teelöffel gemahlene Vanille.

Gebackene Nikoläuse

Anzahl je nach Größe der Nikoläuse unterschiedlich
300 g Weizenvollkornmehl, sehr fein gemahlen
2 TL Weinsteinbackpulver
150 g Seidentofu
100 g Reisdrink
2 EL Reissirup
90 – 100 g Sonnenblumenöl
Mehl für die Arbeitsfläche

Backpapier für zwei Backbleche
Nikolausschablone aus Pappe oder Ausstechform

- Das Mehl sorgfältig mit dem Backpulver mischen.
- In einer großen Rührschüssel den Tofu mit Reisdrink, Reissirup und Öl verquirlen.
- Die Mehlmischung zur Tofucreme geben und alles zu einem glatten Teig verkneten.
- Zwei Backbleche mit Backpapier belegen und den Backofen auf 180 °C vorheizen.
- Den Teig portionsweise auf der leicht bemehlten Arbeitsfläche 1 – 2 cm dick ausrollen.
- Anschließend mit einer Schablone und einem scharfen Messer oder Teigrädchen Nikoläuse ausschneiden oder ausstechen und auf die Bleche legen.
- Die Nikoläuse nacheinander auf der mittleren Schiene im Backofen jeweils 10 – 15 Minuten backen. Fertige Nikoläuse aus dem Ofen nehmen und auf Kuchengittern abkühlen lassen.

Tipp: Binden Sie den Nikoläuse zum Verschenken bunte Schleifen um den Hals.
Sie können aus diesem Teig nach Belieben auch andere Formen, zum Beispiel Tierfiguren, ausschneiden.

Mohn-Walnuss-Striezel

Für einen Kastenkuchen
½ unbehandelte Zitrone
200 g Weizenvollkornmehl, sehr fein gemahlen
2 ½ EL Buchweizenmehl, sehr fein gemahlen (25 g)
2 ½ EL geröstetes Kichererbsenmehl (25 g)
etwa ½ Würfel frische Hefe (20 g)
125 g lauwarmer Reisdrink
175 g Reissirup
Mehl für die Arbeitsfläche

Füllung und Belag
150 g Mohn
150 g Walnüsse
½ TL gemahlener Zimt
etwa 50 g Reisdrink
50 g Sonnenblumenöl
etwa 3 EL Aprikosenfruchtaufstrich (75 g)

Sonnenblumenöl für eine Kastenbackform (etwa 28 cm lang)

- Die Zitrone heiß abwaschen, abtrocknen und die Schale abreiben.
- In einer großen Rührschüssel die Mehle sorgfältig mit der abgeriebenen Zitronenschale mischen. In die Mitte des Mehls eine Mulde drücken.
- Die Hefe zerbröseln, im lauwarmen Reisdrink auflösen, mit 50 g Reissirup in die Mehlmulde geben, mit etwas Mehl verrühren und zugedeckt an einem warmen Ort 15 Minuten gehen lassen.
- Dann alles gründlich zu einem glatten, weichen Teig verkneten. Der Teig sollte sich gut vom Schüsselrand lösen

und nicht mehr kleben. Den Teig zu einer Kugel formen und zugedeckt etwa 45 weitere Minuten gehen lassen.

- Den Mohn für die Füllung mahlen.
- Einige schöne Walnusshälften zum Verzieren beiseite legen. Die restlichen Walnüsse fein mahlen.
- In einem Topf die gemahlenen Walnüsse mit dem gemahlenen Mohn, Zimt, Reisdrink und dem restlichen Reissirup mischen, aufkochen, von der Herdplatte nehmen und etwa die Hälfte des Öls unterrühren. Die Masse unter gelegentlichem Rühren etwas abkühlen lassen.
- Den Backofen auf 190 – 200 °C vorheizen und eine Kastenbackform mit Öl auspinseln.
- Den Teig auf der leicht bemehlten Arbeitsfläche kurz durchkneten, zu einem etwa 30 × 40 cm großen Rechteck ausrollen, mit der Füllung bestreichen, von der schmalen Seite her aufrollen und die Rolle längs durchschneiden. Die beiden Teigstücke umeinanderwickeln und mit der Teigseite nach unten in die Form legen.
- Den Kuchen mit dem restlichen Öl bestreichen und auf der mittleren Schiene im Backofen 30 – 40 Minuten backen. Den Striezel im abgeschalteten Backofen noch 10 Minuten stehen lassen, dann mit dem Fruchtaufstrich bestreichen, mit den beiseite gelegten Nüssen verzieren und erst aus der Form nehmen, wenn der Kuchen abgekühlt ist.

Tipp: Mohn guter Qualität ist stahlblau, schwarze Körner deuten auf ranzige, braune auf unreife Ware hin. Gut gemahlener Mohn sollte nicht zu stark glänzen und kleben.
Wer keine Mohnmühle und keinen Mörser besitzt, kann auch ungemahlenen Mohn verwenden, der dann allerdings 15 – 20 Minuten gekocht werden muss.

Heidelbeerpunschkuchen

Für einen Napfkuchen

Heidelbeerpunsch
½ unbehandelte Zitrone
½ unbehandelte Orange
80 g Heidelbeersaft
1 Zimtstange
4 Gewürznelken

1 Vanilleschote
100 g hochwertige Bitterschokolade
200 g Dinkelvollkornmehl, sehr fein gemahlen
3 TL Weinsteinbackpulver
150 g Vollrohrzucker, fein gemahlen und gesiebt
1 Prise feines Meersalz
160 g Sonnenblumenöl
250 g Apfelmus

Guss
250 g pudriger Roh-Rohrzucker
2 – 3 EL Heidelbeersaft

Sonnenblumenöl für eine Napfkuchenform
(etwa 22 cm Durchmesser)
Semmelbrösel für die Napfkuchenform

- Für den Heidelbeerpunsch die Zitrone und Orange heiß abspülen, abtrocknen und die Schalen abreiben. Die Zitrone anschließend auspressen. Heidelbeersaft, Zitronensaft, Zitrusschalen, Zimtstange und Gewürznelken in einen Topf geben und aufkochen lassen. Den Topf von der Herdplatte nehmen und den Punsch abkühlen lassen. Dann durch ein Sieb abgießen und zur Seite stellen.
- Eine Napfkuchenform mit Öl auspinseln und mit Semmelbröseln ausstreuen.
- Die Vanilleschote längs aufschlitzen und das Mark herausschaben.
- Die Schokolade fein reiben oder mit einem Messer in dünne Schokoladenlöckchen schneiden.
- Das Mehl sorgfältig mit dem Backpulver, Zucker, Salz, Vanillemark und den Schokoladenlocken mischen.
- Den Backofen auf 180 °C vorheizen.
- In einer großen Rührschüssel das Öl mit dem Apfelmus verquirlen. Nach und nach abwechselnd die Mehlmischung und den Punsch zur Ölmischung geben und alles gründlich zu einem glatten Teig verrühren.
- Den Teig in die Backform füllen und im unteren Bereich des Ofens etwa 45 Minuten backen. Den Kuchen nach dieser Backzeit noch 15 – 20 Minuten bei geöffneter Backofentür im Ofen stehen lassen. Dann den Kuchen aus dem Ofen nehmen, vorsichtig auf ein Kuchengitter stürzen und vollständig abkühlen lassen.
- Für den Guss den Puderzucker mit dem Heidelbeersaft verrühren und den abgekühlten Kuchen mit dem Guss einpinseln.

Möhren-Haselnuss-Kuchen

Für einen Kuchen
100 g Haselnüsse
1 Vanilleschote
300 g Möhren
100 g Buchweizenmehl, sehr fein gemahlen
6 TL Weinsteinbackpulver
1 TL gemahlener Zimt
100 – 150 g Agavendicksaft
etwa 250 g Apfelsaft

Sonnenblumenöl für eine Springform (etwa 26 cm Durchmesser)
Backpapier für die Springform

nach Belieben Sojasahne zum Verzieren
oder für einen Guss:
1 unbehandelte Orange oder Zitrone
50 g Vollrohrzucker, fein gemahlen und gesiebt

- Die Haselnüsse fein mahlen und das Haselnussmehl in einer trockenen Pfanne unter Rühren sanft rösten, bis es duftet. Dann aus der Pfanne nehmen und abkühlen lassen.
- Die Vanilleschote längs aufschlitzen und das Mark herausschaben.
- Die Möhren putzen und fein reiben.
- Den Boden einer Springform mit Öl einpinseln und mit passend zurechtgeschnittenem Backpapier belegen. Den Ring der Springform nicht einfetten. Den Backofen auf 180 °C vorheizen.
- Das Buchweizenmehl und die gemahlenen Haselnüsse sorgfältig mit dem Backpulver und dem Zimt mischen.

- In einer großen Rührschüssel die geriebenen Möhren mit Agavendicksaft, Apfelsaft und Vanillemark mischen. Die Mehlmischung portionsweise zur Möhrenmischung geben und sorgfältig unterrühren. Den Teig in die Springform füllen und mit einem nassen Löffel glatt streichen.
- Den Kuchen auf der untersten Schiene im Backofen 35 – 40 Minuten backen. Den fertig gebackenen Kuchen aus dem Ofen nehmen, Springformrand lösen, den Kuchen auf ein Kuchengitter stürzen, den Boden der Form abheben, das Backpapier abziehen (dafür eventuell zuvor für einige Minuten ein feuchtes Küchentuch auf das Papier legen) und den Kuchen am besten **einen Tag** durchziehen lassen.
- Vor dem Servieren nach Belieben Sojasahne steif schlagen, in einen Spritzbeutel füllen und den Kuchen mit Tupfen verzieren. Oder für einen Guss die Orange oder Zitrone heiß abwaschen, auspressen, den Saft leicht erwärmen, den Vollrohrzucker darin auflösen und den Kuchen damit einpinseln.

Panforte

Für einen Kuchen
100 g Mandeln
100 g Paranüsse
1 unbehandelte Zitrone
1 unbehandelte Orange
100 g getrocknete Aprikosen
100 g getrocknete Feigen
100 g Orangeat
150 g Dinkelvollkornmehl, sehr fein gemahlen
¼ TL gemahlener Ingwer
¼ TL gemahlener Anis
¼ TL gemahlene Gewürznelken
¼ TL gemahlener Mazis
¼ TL frisch gemahlener weißer Pfeffer
80 g Vollrohrzucker, fein gemahlen und gesiebt
100 g Agavendicksaft
3 EL Orangenblütenwasser
3 EL Rosenwasser
150 g hochwertige Bitterschokolade
1 Obstkuchenoblate (etwa 26 cm Durchmesser),
ersatzweise 8 – 10 Backoblaten (jeweils 5 cm Durchmesser)
nach Belieben pudriger Roh-Rohrzucker zum Bestreuen

Sonnenblumenöl für eine Springform (etwa 26 cm Durchmesser)
Backpapier für die Springform

❄ Die Mandeln in heißes Wasser legen, bis sich die Mandelhäutchen aufplustern. Dann die Mandeln aus den Häutchen drücken und auf einem Küchentuch trocknen lassen.

- Mandeln und Paranüsse in einer trockenen Pfanne unter Rühren sanft rösten, bis sie duften. Aus der Pfanne nehmen, abkühlen lassen und die Paranüsse halbieren.
- Die Zitrone und Orange heiß abwaschen, abtrocknen und die Schalen dünn abreiben.
- Die getrockneten Aprikosen und Feigen in etwa 1 cm große Würfel schneiden. Das Orangeat in kleine Würfel schneiden.
- In einer Rührschüssel die Fruchtwürfel, Orangeat, Paranüsse, Mandeln und Mehl mischen. In einem kleinen Schüsselchen die gemahlenen Gewürze mischen.
- Zucker, Agavendicksaft und die Gewürze in einem Topf unter Rühren erhitzen, bis sich der Zucker aufgelöst hat. Etwas abkühlen lassen und die abgeriebenen Zitrusschalen, Orangenblütenwasser und Rosenwasser unterrühren.
- Die Schokolade in kleine Stückchen schneiden und im heißen, aber nicht mehr kochenden Wasserbad schmelzen.
- Den Backofen auf 160 °C vorheizen. Eine Springform mit Öl auspinseln, den Boden der Backform mit der Oblate belegen und den Ring der Backform innen mit einem passend zurechtgeschnittenen Streifen Backpapier belegen.
- Den Gewürzsirup, die flüssige Schokolade und die Frucht-Nuss-Masse gut mischen. Die Masse in die Form geben und mit einem nassen Löffel glattstreichen.
- Den Kuchen auf der mittleren Schiene im Backofen 35 – 40 Minuten backen. Den fertig gebackenen Kuchen aus dem Ofen nehmen und in der Form abkühlen lassen.
- Abgekühlten Kuchen vorsichtig aus der Backform lösen und nach Belieben mit Puderzucker bestäuben. Das Panforte hält sich in Frischhaltefolie gewickelt mehrere Wochen und wird währenddessen immer aromatischer.

Bananentorte

Für eine Torte
1 unbehandelte Limette
1 Vanilleschote
200 g Dinkelvollkornmehl, sehr fein gemahlen
100 g Pfeilwurzelmehl
4 TL Weinsteinbackpulver
50 g Kakaopulver
200 g Vollrohrzucker, fein gemahlen und gesiebt
100 – 120 g Sonnenblumenöl
300 – 325 g Apfelsaft

Bananencreme
1 Limette
200 g geschälte reife Bananen
200 g Hafersahne
2 EL Agavendicksaft
2 TL Johannisbrotkernmehl
40 – 60 g Bananensaft oder Apfelsaft zum Beträufeln

Belag
knapp 4 EL Quittengelee (80 g)
1 TL Agar-Agar
60 g Apfelsaft
4 reife Bananen

Sonnenblumenöl für eine Springform (etwa 26 cm Durchmesser)
Backpapier für die Springform

- Die Limette heiß abwaschen, abtrocknen und die Schale dünn abreiben.
- Die Vanilleschote längs aufschlitzen und das Mark herausschaben.
- Den Backofen auf 175 – 195 °C vorheizen. Den Boden einer Springform mit Sonnenblumenöl einpinseln und mit passend zurechtgeschnittenem Backpapier belegen. Den Ring der Springform nicht einfetten.
- In einer großen Rührschüssel das Mehl sorgfältig mit Pfeilwurzelmehl, Backpulver, Kakaopulver, Vanillemark, abgeriebener Limettenschale und Zucker mischen. Nach und nach das Öl und den Apfelsaft unter die Mischung rühren, bis sie glatt und ähnlich wie ein Pfannkuchenteig ist.
- Den Teig in die Springform füllen und auf der mittleren Schiene im Backofen 45 – 55 Minuten backen. Eventuell noch einige Minuten im ausgeschalteten Ofen stehen lassen (der Kuchen gibt auf leichten Druck in der Mitte elastisch nach, wenn er fertig gebacken ist).
- Den fertig gebackenen Kuchen aus dem Ofen nehmen, aus der Form lösen, auf ein Kuchengitter stürzen und abkühlen lassen. Das Backpapier abziehen (dafür eventuell zuvor für einige Minuten ein feuchtes Küchentuch auf das Papier legen) und den Kuchen mit einem langen Messer horizontal durchschneiden, sodass zwei Tortenböden entstehen.
- Für die Bananencreme die Limette heiß abwaschen, abtrocknen und die Schale dünn abreiben. Anschließend die Limette auspressen.
- Die Bananen mit einer Gabel fein zerdrücken. Die Bananencreme mit Hafersahne, Agavendicksaft, etwa 2 EL Limettensaft und Johannisbrotkernmehl verrühren.

- Den unteren Tortenboden auf eine Tortenplatte legen, mit der Hälfte des Bananensaftes beträufeln und die Hälfte der Bananencreme darauf verstreichen. Den zweiten Tortenboden mit der Schnittfläche nach oben auf die Creme legen, mit dem restlichen Bananensaft beträufeln und mit der restlichen Bananencreme bestreichen.
- Für den Belag das Quittengelee und 2 EL Limettensaft in einem Topf mischen. Agar-Agar mit dem Apfelsaft verrühren, zum Quittengelee geben und zum Kochen bringen. Die Mischung etwa 2 Minuten sprudelnd kochen lassen, vom Feuer nehmen und etwas abkühlen lassen.
- Währenddessen die Bananen schälen, in etwa 3 mm dicke Scheiben schneiden und die Torte von der Mitte aus dicht mit den Bananenscheiben belegen. Den noch warmen, leicht eingedickten Guss mit einem Löffel von der Mitte aus dünn auf der Torte verstreichen.
- Die Torte vor dem Servieren 1 Stunde kühl stellen.

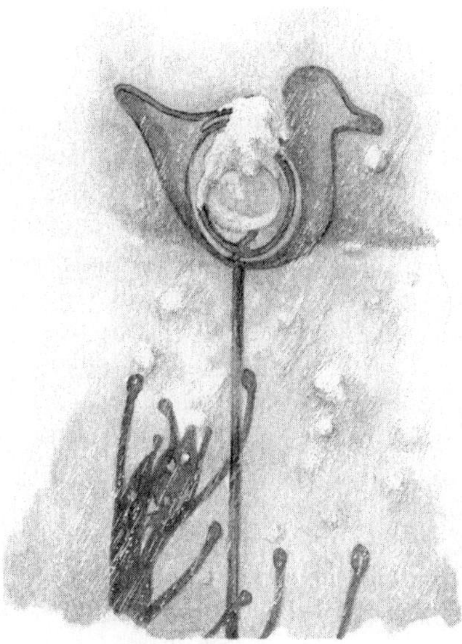

Rezeptindex

ISBN: 978-3-89566-275-1

Rheinstraße 35, 64283 Darmstadt
www.pala-verlag.de

Illustrationen und Umschlaggestaltung: Sabine Metz
Lektorat: Wolfgang Hertling

Druck: fgb • freiburger graphische betriebe
www.fgb.de
Printed in Germany

Dieses Buch ist klimaneutral produziert.

Print CO_2 geprüft